# 도둑놈들

## 3

# 도둑놈들

## 2022 대선, 무슨 짓 했나?

## 3

———————— 공병호 지음 ————————

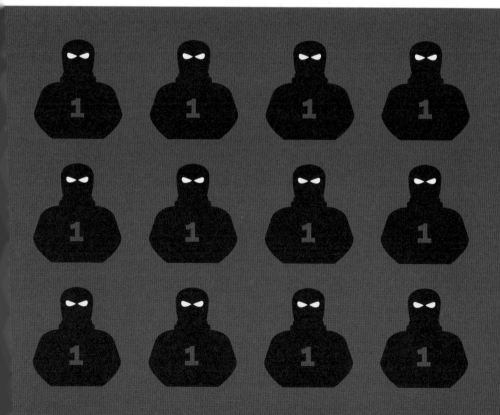

공병호연구소

# 3·9 대선, 도대체 뭔 짓을 한 거야

4·15 총선이 끝나고 운명적으로 부정선거 문제를 만나게 되었다. 몰랐다면 그냥 흘려보낼 수 있었을 텐데, 알아버리고 나서 어떻게 하겠는가! 그것도 운명이라 생각한다. 다들 앞다투어 입을 다무는 시대가 되었으니, 누구라도 나서서 사실과 진실을 이야기하지 않을 수 없게 되었다.

남도의 시골 바닷가에서 거친 파도와 포말을 보면서 성장한 나는 거짓을 진실로 둔갑시키는 일에 익숙하지 않다. 출세를 위해, 이익을 위해, 자신의 경력을 위해 엄청난 비리와 불법에 눈을 감도록 그렇게 배우고 살지는 않았다. 거친 파도를 보면서 유소년기를 보낸 나는 서울대 법대를 나온 사람들처럼 공부를 잘하지는 못했지만, 사람이 어떻게 살아야 하는가라는 도리는 확실히 배우고 자랐다.

이러니저러니 하더라도 전쟁 없는 나라, 성장하는 나라에 나서 아이들을 키우고 조금씩 현업과 거리를 두게 되는 시간을 맞게 되었다. 누가 뭐라 하지 않더라도 나서 자란 나라에 도움이 되는 일이라면 뭐라도 해야 하지 않는가라고 생각하는 연배가 되었다.

이 책은 2022년 3·9 대선의 실상을 전하기 위해 쓰인 책이다. 전국 방방곡곡에서 3·9 대선에서 도대체 무슨 일이 일어났는가를 국민들에게 전달하기 위해 썼다. 구체적으로 선거구 차원에서 선거사기범들과 선거조작범들이 무슨 짓을 저질렀고, 어떻게 권력을 훔치기 위해 노력했으며, 어떻게 실패하고 말았는지를 낱낱이 까발리려 한다.

앞에서 이야기한 바와 같이 세월은 흐르고 흘러 더 이상 이익과 출세, 공명심을 위해 없는 이야기를 꾸밀 수 있는 그런 시절은 나에게 이미 가버렸다. 오직 내가 나서 자란 나라에서 일어났고, 앞으로 일어나게 될 엄청난 불법과 비리를 있는 그대로 국민들에게 고할 필요가 있다는 생각 때문에 책을 쓰기로 했다.

한마디로 이야기하면 3·9 대선의 모든 선거 데이터는 '만들어진 숫자'라는 것이다. 선관위 발표 선거 데이터는 간단한 더하기·빼기·곱하기로 구성되는 전산 프로그램에 조작값을 입력해서 선거 데이터를 만들고, 그것에 기초해서 당선과 낙선 그리고 총득표수 등을 계산한 그런 선거였다.

문제는 그런 선거가 3·9 대선만이 아니었다는 점이다. 2017 대선부터 시작된 대한민국 공직선거의 선거사기는 이제 아무런 거리낌 없이 공직선거마다 자행되고 있다. 그 모든 비극의 진원지는 사전투표에 대한 전산조작에서부터 비롯된다.

재야 전문가의 자발적인 선거 데이터 분석에 기초해서 3·9 대선 사전투표 조작이 전국 방방곡곡에서 어떻게 실행되었는지를 낱낱이 밝힐 것이다. 많은 것을 내려놓은 사람으로서 오로지 사실과 진실만을 세상에 이야기할 것이다.

여러분께서는 지금 대한민국의 공직선거에서 어떤 일이, 어떻게 진행되고 있는지를 이 책을 통해 알게 될 것이다. 다른 것들을 우리가 물려주지 못하더라도 자식 세대에 공정선거만은 물려줘야 하지 않겠느냐는 생각을 갖고 이 책을 준비하였다.

출세를 위해 입을 다물고 변절하는 사람들을 지켜보면서 '우리가 이렇게 해서야 되겠는가', '우리 사회가 어쩌다 이렇게 돼버렸는가', '이런 사회가 어떻게 될지 다들 두렵지 않은가'라는 생각을 자주 하게 된다. 개인 비용을 들여서 책을 내지만, 이 책을 널리 알리려는 많은 시민이 힘을 더해주기를 소망한다. 어떤 언론도 다루지 않을 내용이기에 스스로 읽고, 자발적으로 주변에 널리 알리려는 시민들이 많이 나오기를 기대한다.

선거를 구하는 일은, 나라를 구하는 일이다.
선거를 지키는 일은, 자신을 지키는 일이다.
선거를 구하는 일은, 아이들의 미래를 구하는 일이다.
선거를 지키는 일은, 자유와 생명과 재산을 지키는 일이다.

공병호

# 목차

# 제3장 평범한 조작 지역:
# 울산, 인천, 충북, 경남, 부산, 강원

# 제4장 강력한 조작 지역: 충남, 경기

## 1. 충청남도

## 2. 경기도

# 제5장 초강력 조작 지역: 제주·세종, 대전, 서울

## 1. 제주도 및 세종특별시

## 2. 대전광역시

## 3. 서울특별시

# 제6장 실패한 조작 지역: 경북, 대구

## 1. 경상북도

## 2. 대구광역시

제1장

# 3·9 대선,
# 뭔 일인가

"3·9 대선에서 전국 방방곡곡에서 일어난
일은 2017 대선부터 모든 공직선거에서 반
복적으로 일어났다. 3·9 대선에서 일어났던
일을 이해하고 직시할 수 있다면 대한민국
공직선거의 실상, 문제점 그리고 해결책을
모두 파악할 수 있다. 그래서 그냥 대충 좋
은 것이 좋은 것이라는 식으로 넘어갈 수가
없다."

# 1
# 2022 대선,
# 핵심은 뭔가

어느 분야든 야바위꾼이나 사기꾼들은 단순한 것을 복잡하게 만든다. 복잡함으로 사람들의 혼쭐을 빼놓은 와중에 자신의 이익을 구한다. 선거에서 생기는 불법과 비리도 비슷하다. 선거는 아주 간단한 행위다. 표를 투표함에 넣고, 투표함을 옮기지 않고, 선거가 끝나자마자 밤을 새워서라도 한 장 한 장 후보별 득표수를 세어 합산해서 총득표수를 구하면 된다.

이처럼 간단한 작업에 4박5일의 시차를 두고 사전투표가 실시되고, 각종 전산장비들이 들어오면서 문제가 복잡해지게 되었다. 선거사기꾼들이 복잡함을 그냥 가만히 둘 리는 없다. 복잡함의 틈바구니를 비집고 들어와서 선거를 농락하는 일이 계속해서 일어나고 있다.

## 12가지 핵심 포인트

"2022 대선, 문제가 뭡니까?" 이 간단한 질문에 대해 짧고 단호하게 답할 수 있다면, 2022 대선은 물론이고 2017 대선 이후 대한민국 공직선거의 핵심적인 문제를 정확하게 파악할 수 있다. 누군가 위의 질문을 던진다면 나는 아래와 같이 간단명료하게 답할 것이다.

첫째, 선관위가 공식적으로 발표한 후보별 사전투표 득표수, 총투표(사전+당일) 득표수가 '만들어진 숫자'라는 점이다.

둘째, 당일투표 득표수 이외에 모든 사전투표 득표수(관외사전투표, 재외국민, 관내사전투표 득표수)가 '만들어진 숫자'라는 점이다.

셋째, '만들어진 숫자'는 단도직입적으로 이야기하면 '가짜 득표수'라는 이야기다.

넷째, 정상적인 투표는 투표자들이 던진 표를 합산한 숫자다. 그런데 선관위가 공식적으로 발표한 2022 대선의 후보별 득표수는 '합산한 숫자'가 아니라 '만들어진 숫자', 즉 '사람이 전산 프로그램을 이용해서 제조한 숫자'라는 점이다.

다섯째, 사전투표 득표수는 물론이고 총득표 득표수도 모두 '만들어진 숫자'이기 때문에 '만들어진 숫자'에 바탕을 두고 당선자와 낙선자를 결정한 셈이다. 여기서 선거사기 혹은 부정선거라는 표현이 등장하게 된다.

여섯째, '만들어진 숫자'는 하늘에서 뚝 떨어진 숫자가 아니라 누군가가 조직적이고, 체계적이고, 적극적인 불법행위를 통해 숫자를 생산 및 제조 및 조작한 것을 뜻한다.

일곱째, 후보별 사전투표 득표수는 선거의 최종 결과물로서 선거사무를 담당하는 관계자들의 업무 영역이다.

여덟째, 대한민국의 선거사무에 대해 독점적인 권한을 갖고 있는 기관은 중앙선관위와 지역선관위들이다. 선거사무의 최종 결과물인 후보별 득표수가 '만들어진 숫자'라면 선거사무를 담당하고 있는 자들이 책임을 져야 할 일이다.

아홉째, 선관위 발표 후보별 득표수가 '만들어진 숫자'라는 증거는 선관위가 발표한 숫자들에서 일정한 규칙, 패턴, 수학 관계식이 발견되었기 때문이다.

열 번째, 후보별 득표수는 자연수의 속성을 갖고 있기 때문에 어떤 경우에서도 일정한 규칙을 찾아낼 수 없어야 한다. 자연수는 그야말로 무작위수로 랜덤(random)한 숫자다. 불규칙하기 때문에 어떤 규칙이 나와선 안 된다.

열한 번째, 일정한 규칙을 찾아낼 수 있다는 것은 그런 규칙을 이용해서 숫자를 만들어냈다는 것을 뜻한다. 우리가 육안으로 확인할 수 있는 선관위 발표 후보별 득표수는 복잡한 숫자들의 덩어리로 보인다. 그러나 그런 숫자들 이면에 '후보별 득표수 조작공장'이 있어서 이 공장이 가동되어 가짜 득표수를 만들어냈다는 것을 뜻한다.

열두 번째, '후보별 득표수 조작공장'이 재야 전문가의 헌신적인 노력에 힘입어 전국 방방곡곡에서 모두 발각되었다. 2022 대선의 경우 경북의 일부 지자체와 강원도 동해시를 제외하고 전국 전 지역에서 '후보별 득표수 조작공장'을 찾아냈다.

정리해서 말하자면, "2022 대선, 문제가 뭡니까?"라는 질문에 대한 명쾌한 답은 다음과 같이 한 문장으로 압축할 수 있다.

"후보별 득표수를 투표자들이 던진 표를 합산해서 발표한 것이 아니라, 자기들이 원하는 선거 결과에 맞추어서 숫자를 만들어서 발표했다."

## 만들어진 득표수, 어떻게 제조했나

"후보별 득표수를 어떻게 만들었는지 간략하게 설명할 수 있는가요?" 물론이다.

세상 만물을 관통하는 이치라는 것이 복잡할 것이 하나도 없다. 앞에서도 강조한 바와 같이 간단한 일을 복잡하게 만들려는 자들이 있다면, 의심의 눈초리로 봐야 한다.

3·9 대선에서 '만들어진 숫자' 제조 문제도 조금도 복잡하지 않다. 선거사기를 친 사람들이나 그들의 지시나 하명을 받들어 조작을 직접 실행에 옮긴 선거조작범들도 그렇게 복잡한 업무를 처리할 수 있는 사고 능력이나 실행 능력을 갖고 있지 않았다고 본다. 그들 자신도 은밀하게 추진한 조작이 이처럼 온 세상에 들통이 나리라곤 꿈에도 생각하지 않았을 것이다. 조작하고 나서 당선자를 발표하면 그것으로 그만일 것이라 생각했을 것이다.

그들이 어떻게 조작했는지, 어디서 몇 표를 도둑질했는지 등이 낱낱이 까발려지는 것은 정말 상상조차 못 했을 것이다. '뭔 일이 있겠나'라고 생각하는 그들조차도 이렇게 하나하나 다 밝혀지면서 조금은 당황하고 있을 것이다.

선거조작이 어떻게 이루어졌는지를 설명하면 초등학생도 알아차릴 수 있는 그런 간단한 방법을 사용해서 선거를 주물렀다고 볼 수

$$Y = A + B + C$$

$$Y = \text{사전투표 투표자수}$$

$$A = \text{이재명 사전투표 득표수}$$

$$B = \text{윤석열 사전투표 득표수}$$

$$C = \text{심상정 사전투표 득표수}$$

있다. 전국을 대상으로 복잡한 과정이나 절차 혹은 방법을 사용하기가 쉽지 않았을 것이다.

정상적인 투표 결과를 수학 관계식으로 표현하면 〈1-1〉과 같다. 사전투표 투표자수는 이재명, 윤석열, 심상정이 각각 사전투표에서 얻은 득표수의 합이다.

그렇다면 선거사기범들이나 선거조작범들은 선거를 훔치기 위해 어떤 꼼수를 두었을까? 초등학생도 생각할 수 있는 아주 간단한 방법이다. 낙선시켜야 할 후보의 표를 일정 퍼센트만큼 빼앗은 다음에, 훔친 득표수만큼을 당선시켜야 할 후보에게 이동시켜 더하는 방법이다.

그러니까 후보별 득표수를 감쪽같이 조작하면 된다. 실물 위조투표지를 얼마나 투입했는지를 정확하게 알 길은 없다. 투표함을 모두 다 까보기 이전에는 말이다. 그러나 확실한, 너무나 확실한 증거물이 있다. 선거사무를 담당하는 자들이 발표한 공식적인 선거 데이터, 즉 후보별 득표수에 모든 불법 작업이 다 남아 있다.

윤석열과 심상정에게서 동일한 퍼센트를 빼앗는 것, 즉 알파를 우리는 조작값이라고 부른다.

$$Y = A' + B' + C'$$

A' = 조작된 이재명 사전투표 득표수

= A + (B+C)알파 = A + B알파 + C알파

B' = 조작된 윤석열 사전투표 득표수

= B - B알파

C' = 조작된 심상정 사전투표 득표수

C - C알파

중요한 것은 투표자들이 던진 표를 합산해서 발표한 것이 아니라는 점이다. 후보별 득표수를 마음대로 만들었다는 것이 2022 대선에서 일어난 일이다. 선거가 끝난 다음 A, B, C를 국민들에게 발표해야 하는데 A', B', C'를 발표했다. 국민들이 던진 진짜 득표수를 발표해야 하는데, 시치미를 뚝 떼고 가짜 득표수를 발표한 것이다. 2022 대선만 그런 것이 아니라 2017 대선부터 2022 지방선거까지 일어난 일이다.

## 사전투표 득표수 조작(제조)공장, 가동

선거조작범들이 후보별 득표수를 '만들어진 숫자'로 어떻게 대체했는가를 〈1-1〉과 〈1-2〉를 기초로 일목요연하게 다음의 7가지로 정리할 수 있다.

첫째, 선관위가 발표해야 할 후보별 득표수는 A, B, C여야 한다. A, B, C는 투표자들이 사전투표장을 찾아 직접 투표용지를 받아서,

기표한 다음에, 투표함에 넣은 투표지를 후보별로 합산한 득표수다.

둘째, 선관위는 3·9 대선의 당선자와 낙선자를 판단하는 기준으로 A′, B′, C′를 발표하고 사용하였다. 선관위가 공식적으로 발표한 선거 데이터는 A′(조작된 이재명 사전투표 득표수), B′(조작된 윤석열 사전투표 득표수), C′(조작된 심상정 사전투표 득표수)이다.

셋째, A′, B′, C′를 만들어내기 위해 위에서 간단한 수학 관계식을 사칙연산 프로그램으로 짜서 가동하였다. 여기서 알파는 일명 변수(變數)라고 불린다. 우리는 이를 조작값이라고 부른다. 변수를 얼마로 입력하는가에 따라서 후보별 득표수는 크게 달라지게 된다.

넷째, 선관위 발표 후보별 득표수를 분석해서 변수(알파), 즉 조작값을 지역별로 찾아낼 수 있다. 득표수를 조작했기 때문에 조작에 사용된 변수가 선관위 발표 후보별 득표수 분석을 통해 얻을 수 있다. 예를 들어 종로구 30%, 강남3구 20%, 나머지 21개 서울 선거구 25%를 찾아내는 일이 가능하였다.

다섯째, 조작값을 찾기 위해 약간의 테크닉이 필요하다. 선관위 발표 후보별 득표수는 차이값(사전-당일 득표율)이 표본오차(0~3%)를 크게 벗어난 값이다. 이를 최대한 줄여가는 과정에서 차이값이 표본오차 범위 내에 머물면서 가장 작은 상태에서 조작값을 찾아낼

〈1-3〉 조작값의 발견, 조작값을 활용한 복원

| 선관위 발표 득표수 | | | 추정치(사전투표 수정후) |
|---|---|---|---|
| 사전투표 조작, 완료 상태 | → | → | 사전투표 조작, 제거 상태 |
| | 조작값 | | |
| | ← | ← | |

수 있다. 0%, 5%, 10%, 15%, 20% 등 다양한 조작값 후보들이 입력되는 과정에서 차이값이 최소치에 이르는 지점에서 컴퓨터는 외친다. "딩동댕! 종로구의 조작값은 30%입니다!" 윤석열과 심상정에게서 30%를 빼앗아서 이재명에게 넘겨주는 일이 일어났음을 확인하게 된다.

여섯째, 선거조작범들은 투표자들이 던진 진짜 득표수 A, B, C를 숨겼지만 A, B, C는 조작값만 확보하면 거의 완벽하게 복원하는 일이 가능하다. 다시 말하면 조작값을 사용해서 후보별 득표수를 조작하기 이전 상태, 즉 실제로 각 후보가 받은 득표수를 추정해낼 수 있다. 그래서 이 책에는 수정치, 혹은 사전투표 조작 수정 후 득표수, 혹은 후보별 진짜 사전투표 득표수라고 부른다.

일곱째, 복원된 후보별 진짜 사전투표 득표수(A, B, C)를 기초로 해서 조작값을 역으로 사용하면 거의 완벽하게 후보별 가짜 사전투표 득표수(A′, B′, C′)를 복원해낼 수 있다. 선관위가 발표한 후보별 득표수를 모두 복원이 가능하다는 이야기는 조작값을 사용해서 선관위 발표 후보별 득표수가 만들어진 것을 의미한다.

이것은 선거라기보다도 아이들의 컴퓨터 놀이나 장난질과 같은 것이다. 그냥 선거사기범들이 기획한 대로 이재명 승리에 필요한 득표수만큼 조작값을 입력해서 후보별 사전투표 득표수라는 숫자를 마구마구 만들어냈다.

## 월터 미베인 교수, "대선, 선거사기 맞아요"

외국의 선거사기 분석 전문가들은 2022 대선을 어떻게 보고 있을까? 오늘날 미국의 주류 학계는 데이터 분석을 통해 모든 것을 계량화하는 분야가 크게 발달되어 있다. 정치학 분야에서조차 통계분석을 이용한 논문들이 대부분을 차지하고 있다.

미시간대학의 월터 미베인(Walter R. Mebane, Jr.) 교수를 기억하는 사람이 많을 것이다. 국내 방송은 물론이고 여러 유튜브 채널에 출연해서 2020년 4·15 총선의 문제점을 지적한 미국 전문가이다. 특히 그는 2020년 4월 28일에는 〈2020년 한국 의회 선거에서의 사기〉라는 논문을 발표하기도 했다.

정치학과 통계학을 공부한 월터 미베인은 부정선거를 판별하는 독특한 계량분석 모델을 갖고 있다. 일명 '이포렌식(Eforensics) 모델'이다. 이 모델을 활용해서 남미 국가의 선거사기를 판정한 풍부한 경험을 갖고 있다.

이포렌식 모델의 구석구석을 알 수 없지만, 선거 데이터를 모델에 입력해서 정상투표에서 나올 수 없는 통계적 변칙이 존재하는가 여부를 가려내는 방법을 사용하고 있다. 여기서 통계적 변칙은 통계학의 토대인 근본 법칙을 위반하는 것을 말한다. 이를테면 표본 수가 무척 큰데도 불구하고 사전투표 득표율과 당일투표 득표율이 크게 차이가 나는 것을 들 수 있다.

이포렌식 모델 분석을 통해 그는 선거사기 유무와 빼앗긴 득표수 등에 대한 정보를 제공한다. 4월 28일 논문에는 4·15 총선 분석 결과에 이런 내용이 나온다. "사후 평가 결과는 95%와 99.5% 신뢰 구

## 〈1-4〉 월터 미베인, 2022 대선 분석 결과

Walter Mebane <w██████@umich.edu>                            11월 8일 (화) 오전 3:53   ★   ↰   ⋮
██████나에게 ▾

🗛 영어 ▾   〉   한국어 ▾   메일 번역                                        영어 번역 안함 ×

██████

I managed to build a dataset from the xlsx file you sent with which I could estimate eforensics models.  In the attached
zipfile, Korea2022pres_places.csv is the dataset, built using reformat1.R.  Looking through the xlsx file I see remarks and simulated results
that appear to suggest the analyst concludes frauds occurred in the 2022 presidential election.  eforensics results
in wrkef4U23a_Korea2022pres_placesa.Rout say there are many eforensics-frauds, mostly "incremental frauds."  The listing at the end
of wrkef4U23a_Korea2022pres_placesa.Rout show most of those eforensics-frauds occur for 'local early voting' tallies.  The total number of
eforensics-fraudulent votes (posterior mean 118708.99) is not enough to have affected the election outcome:

```
[1] "***** COMBO *****"
eforensics-fraudulent units:
                    increm   extreme
 no fraud    fraud   fraud2    fraud3
     3295      275      262       13
eforensics-fraudulent votes:
Ntfraudtotalmean    Nttotal995.lo   Nttotal995.hi (manufactured votes)
       19410.50         13522.51        24000.17
Nfraudtotalmean     Ntotal995.lo    Ntotal995.hi (total eforenics-fraudulent)
      118708.99         81100.72       145854.31
```

간에 있습니다. 그 결과 더불어민주당의 경우 약 149만 1,548표가 선거사기이며, 부정투표 가운데 약 111만 2,169표가 제조되었다고 볼 수 있습니다. 전반적으로 이포렌식 모델에 따르면, 민주당 후보의 득표수 가운데 약 10.43%가 선거사기입니다."

　재야 전문가는 자신이 분석한 선거 데이터를 정리해서 월터 미베인 교수에게 분석을 의뢰하는 정중한 이메일을 보냈다. 2022년 11월 8일, 월터 미베인 교수가 재야 전문가와 나에게 보낸 메일에는 다음과 같은 내용이 담겨 있다.

　"보내주신 선거 데이터를 분석한 결과 2022 대선에서 선거사기 (election fraud)가 일어났다고 결론을 내립니다. 이포렌식 모델이 밝혀낸 선거사기의 대부분은 '선거구의 사전투표(local early voting)'에서 일어났습니다."

접근 방법은 다르지만 월터 미베인의 이포렌식 모델이나 재야 전문가의 차이값 분석이나 일치하는 것이 있다. 정상투표에서는 통계적 변칙(특정 후보의 사전투표 득표율과 당일투표 득표율이 크게 차이가 나는 일)이 일어날 수 없고, 일어나서는 안 된다는 너무나 당연한 명제를 기준점으로 해서 선거 데이터를 분석하고 있다.

월터 미베인의 이포렌식 모델 분석 결과는 영어 표현치고는 강하고 단호하다. "결론은 선거사기입니다"와 "사전투표에서 선거사기가 발생했습니다"라는 두 가지로 구성된다. 영어 표현이 흔히 사용하는 '아마도 이렇게 결론을 내릴 수 있습니다(may conclude)'라는 표현이 없다. 그냥 "이포렌식 모델을 이용한 분석은 2022 대선에서 선거사기가 일어났다는 결론을 내립니다(the analyst concludes frauds occurred in the 2022 presidential election)"라는 것이 결론이다. "선거사기의 대부분은 선거구 레벨의 사전투표에서 일어났다(most of those eforensics frauds occur for 'local early voting' tallies)"로 결론짓고 있다.

# 2
# 얼마나
# 훔쳤나

"선관위 발표, 후보 간 격차 24만 7,077표! 사전투표 조작이 제거된 상태의 후보 간 격차 추정치 264만 3,983표 차이! 한두 표 차이가 나는 것도 아니고 선관위 발표 격차와 추정치에 근거한 격차가 240만 표 차이가 났다면, 이것은 전산조작을 사용하는 것 이외엔 다른 뾰쪽한 방법이 없다."

## 총득표수 기준, 가짜와 진짜 득표수

이 책을 읽는 내내 여러분은 〈1-1〉에 나오는 A, B, C와 〈1-2〉에 등장하는 A′, B′, C′를 염두에 두기를 바란다. 앞엣것은 정상투표에서 나오는 후보별 득표수, 뒤엣것은 비정상적인 투표에서 나오는 후보별 조작된 득표수이다.

또한 여러분은 앞엣것이 후보별 진짜 득표수이고, 뒤엣것이 후보별 가짜 득표수라는 점도 기억하기 바란다. 더욱이 3·9 대선의 가장 심각한 문제는 선관위가 '만들어진 후보별 득표수', 다시 말하면 '사전투표 조작이 적용된 후보별 득표수'인 A′, B′, C′를 각 후보가 실제로 받은 득표수인 것처럼 발표했다는 사실이다.

여기서는 총득표수 기준으로 선관위가 당당하게 발표한 후보별 득표수와 재야 전문가의 추정치를 살펴본다. 하나는 사전투표 조작에 의한 후보별 득표수 증감이 포함된 선관위 발표 후보별 득표수이다. 다른 하나는 사전투표에 의해 윤석열과 심상정이 빼앗긴 득표수와 이재명에게 더해진 득표수를 모두 원래 상태로 되돌린 후보별 득표수 추정치를 정리해보자(〈1-5〉).

어떻게 이같이 선관위 발표와 추정치 사이에 격차가 클까? 선관위는 윤석열 후보가 24만 7,077표 차이로 승리했다고 공식적으로 선언하였다. 그런데 선관위 발표 후보별 득표수에 엄청난 사전투표 조작이 들어 있다는 사실을 조작값을 발견함으로써 알려지게 된다.

〈1-5〉 선관위 후보별 득표수 차이 vs 재야 전문가 추정치 차이(총투표 득표수)

| | 선관위 발표 | 추정치 | 차이(추정치−선관위) |
|---|---|---|---|
| 전국 | 24만 7,077표 | 264만 3,983표 | 239만 6,906표 |
| 서울 | 31만 766표 | 101만 7,814표 | 70만 7,048표 |
| 부산 | 43만 8,176표 | 60만 195표 | 16만 2,019표 |
| 경기 | −46만 4,048표 | 9만 9,261표 | 56만 2,070표 |

주: −46만 4,048표는 이재명이 경기도 총투표에서 승리했다는 뜻.

선관위 발표 후보별 득표수에서 사전투표 조작에 의한 득표수 증감 행위를 제거하고 나면 각 후보가 받은 실제 득표수, 즉 추정치는 264만 3,983표로 벌어진다.

수십, 수천, 수만 표도 아니고 전국 차원에서 득표수 격차가 무려 239만을 넘어서는 것은 보통 심각한 문제가 아니다. 경기도 총투표의 경우에는 윤석열 후보가 9만 9,261표로 승리한 선거였음에도 불구하고 -46만 2,809표 차이로 패배한 선거로 선관위는 발표하였다.

이 같은 현상은 모두가 선관위 발표 후보별 득표수에 심각한 문제점이 있음을 뜻한다. 사전투표 조작을 이용해서 후보 사이 득표수를 인위적으로 넣고 빼는 일이 없었다면 결코 일어날 수 없는 일이다. 후보별 득표수 증감 작업이 2022 대선에서 일어난 불법의 핵심이다.

## 사전투표 득표수 기준, 가짜와 진짜 득표수

사전투표 득표수 기준으로 봐도 똑같은 현상을 관찰할 수 있다. 어마어마한 사전투표 조작에 의해 특정 후보의 표를 빼앗고, 특정 후보의 표를 넣어주는 그런 조작이 전산 프로그램을 이용해서 행해졌다.

⟨1-4⟩와 ⟨1-5⟩를 비교하면 전국적으로 약 239만 표 정도의 사전투표 조작이 있었음을 알 수 있다. 특히 서울과 경기도에서는 윤석열이 각각 51만 표와 12만 표 차이로 사전투표에서 승리하였음에도 불구하고 약 -19만 표와 -47만 표 차이로 패배한 선거라고 선관위

**〈1-6〉 선관위 후보별 득표수 vs 재야 전문가 추정치**(사전투표 득표수)

| | 선관위 발표 | 추정치 | 차이(추정치−선관위) |
|---|---|---|---|
| 전국 | −122만 5,073표 | 116만 7,867표 | 239만 2,940표 |
| 서울 | −19만 1,412표 | 51만 5,819표 | 70만 7,231표 |
| 부산 | 14만 866표 | 27만 5,386표 | 13만 4,519표 |
| 경기 | −47만 604표 | 12만 1,839표 | 59만 2,443표 |

주: 서울과 경기도의 선관위 발표가 마이너스라는 것은 두 지역에서 이재명 승리를 뜻함.

가 발표하였다. 어떻게 이런 일이 일어날 수 있는 것일까? 도대체 사전투표 조작을 얼마나 했기에 승리한 선거를 패배한 선거로 둔갑시킬 수 있는 것인가라는 의문을 갖지 않을 수 없다.

마지막 차이(추정치−선관위)가 사전투표 조작규모를 이야기하고 있다. 윤석열과 심상정에게 훔친 득표수와 이재명에게 넘어간 득표수를 합친 득표수이다. 전국 239만 표, 서울 70만 표, 부산 13만 표, 경기도 59만 표이다(〈1-6〉).

이제부터 전산조작에 의해 사전투표 득표수 증감이 전국 방방곡곡에서 어떻게 일어났는지를 살펴보고자 한다. 주로 지방자치단체를 중심으로 하는 선거구 단위에서 어떻게 사전투표 조작을 실행에 옮겼는지를 살펴보려고 한다. 전작인《도둑놈들 2: 2022 대선, 어떻게 훔쳤나?》에 이어서 다시 2022 대선을 다루는 책을 내게 된 것은 선거구의 기본 단위인 지방자치단체에서 실제로 전산조작이 어떻게 이뤄졌는지를 더 구체적으로 살펴보기 위함이다.

조작규모의 크기와 조작의 세기를 염두에 두고 다음과 같이 5권역으로 구분하였다. 전국 17개 광역시도를 총조작값 기준으로 사전투표 조작의 세기가 가장 약한 지역으로부터 가장 높은 지역 순서로 배치하였다. 5개 권역은 모두 특수한 조작 지역, 평범한 조작 지역, 강력한 조작 지역, 초강력 조작 지역, 실패한 조작 지역으로 구성된다.


## 5개 권역으로 나누어서, 공략

여기서 사전투표 조작은 사전투표 조작을 위해 동원된 사전투표 득표수를 말한다. 윤석열과 심상정이 빼앗긴 득표수에다 이재명이 공짜로 삼킨 득표수를 합산한 숫자다. 총조작값은 사전투표 투표자수 기준으로 윤석열과 심상정의 마이너스 값과 이재명의 플러스값을 더한 것을 말한다. 사전투표 투표자수 가운데 빼앗기는 비중이 절반을 차지하고, 더해지는 비중이 절반을 차지한다. 특정 지역에서 사전투표 조작이 얼마나 심했는가를 말해주는 지표로 활용할 수 있다.

예를 들어 전남에선 사전투표 조작을 위해 윤석열과 심상정에게서 빼앗은 득표수와 이재명에게 더해진 득표수 총합이 6만 1,651표라는 말이다. 사전투표 조작을 위해 이만큼의 득표수를 전산적으로 이동시켜 후보별 사전투표 득표수를 만들었다는 뜻이다. 전남의 사전투표 투표자수의 7.88%를 차지한다.

이제부터 그들이 3·9 대선에서 전국의 모든 선거구에서 무슨 짓을 했는가를 차근차근 짚어볼 것이다.

### 〈1-7〉 17개 광역시도, 사전투표 조작 실태(2022 대선)

| | 사전투표 조작규모<br>(득표수 기준) | 총조작값<br>(사전투표 투표자수 기준) |
|---|---|---|
| **(A) 특수한 조작 지역: 전남, 전북, 광주** | | |
| 전남 | 61,651표 | 7.88% |
| 전북 | 69,279표 | 9.76% |
| 광주 | 58,341표 | 10.44% |
| **(B) 평범한 조작 지역: 울산, 인천, 충북, 경남, 부산, 강원** | | |
| 울산 | 41,406표 | 12.64% |
| 인천 | 110,941표 | 13.13% |
| 충북 | 65,179표 | 13.37% |
| 경남 | 135,650표 | 13.42% |
| 부산 | 134,519표 | 13.48% |
| 강원 | 70,579표 | 13.87% |
| **(C) 강력한 조작 지역: 충남, 경기** | | |
| 충남 | 90,804표 | 14.73% |
| 경기 | 592,443표 | 15.51% |
| **(D) 초강력 조작 지역: 제주·세종, 대전, 서울** | | |
| 제주·세종시 | 52,108표 | 16.80% |
| 대전 | 85,054표 | 19.25% |
| 서울 | 726,816표 | 22.93% |
| **(E) 실패한 조작 지역: 경북, 대구** | | |
| 경북 | 44,244표 | 4.75% |
| 대구 | 74,992표 | 10.67% |

주: 전남, 전북, 광주, 서울, 경북, 대구를 제외한 평균값 14.62%.
사전투표 조작 규모 = 사전투표 조작에 동원된 득표수.
총조작값 = (사전투표에 동원된 득표수/사전투표 투표자수) × 100%.

# 제2장

# 특수한 조작 지역
## : 전남, 전북, 광주

"선관위 발표, 전국에서 후보 간 격차 24만 7,077표! 사전투표 조작이 제거된 상태의 후보 간 격차 추정치 264만 3,983표! 한두 표차이가 나는 것도 아니고 선관위 발표 후보간 격차와 추정치에 근거한 격차가 240만표 차이가 났다면, 이것은 전산조작을 사용하는 것 이외엔 다른 뾰쪽한 방법이 없다. 조직적이고 체계적인 전산조작, 이것이 2022 대선의 실체이자 핵심이다."

# 전라남도

　"62만 1,071표 차이로 이재명 승리! 전남 지역선관위 최종 발표(사전투표 기준). 하지만 55만 9,420표 차이로 이재명 승리! 재야 전문가 추정치. 사전투표에서 전산적으로 이동된 득표수 증감을 확인하고, 이를 수정한 이후의 후보별 진짜 사전투표 득표수의 차이다. 6만 1,651표 차이 발생! 전남 지역에서 사전투표를 위해 강제로 이동된 득표수(총조작값 7.88%)로 추정된다."

## 목포시에서 일어난 일

　목포시는 14만 5,187명의 총투표자수를 갖고 있다. 이 가운데 사전투표 투표자수는 9만 6,398명으로 66.39%를 차지한다. 전남을 구성하는 22개 선거구 가운데서 여수시와 순천시에 이어서 세 번째 규모이지만, 전남을 대표하는 유서 깊은 도시라고 할 수 있다.

목포시는 민주당 텃밭이라 이재명 몰표가 쏟아졌을 것이기 때문에 사전투표 조작이 심하지 않았을 것이라고 생각하기 쉽다. 그러나 옛말에 벼룩의 간을 내먹는다는 말이 있지 않은가! 사전투표에서 얼마 얻지 못한 윤석열 후보는 목포시에서 거의 약탈 수준이라 불러도 손색이 없을 정도로 표를 빼앗겼다.

목포시에서 이재명은 압승하였다. 이재명은 윤석열보다 사전투표에서 9.17배가량의 8만 4,496표를 얻었다. 윤석열이 얻은 표는 보잘 것없다. 그가 얻은 표는 9,209표에 지나지 않는다.

윤석열은 자신이 얻은 사전투표 득표수 가운데 무려 50%를 빼앗겼다. 조작값 50%를 이용해 윤석열과 심상정의 사전투표 득표수를 빼내서 고스란히 이재명에게 더해주는 전산조작이 발생하였다. 이재명은 가만히 앉아서 공짜로 5,211표를 거저 얻었다.

예를 들어 윤석열은 자신이 얻은 사전투표 득표수(9,209표) 가운

**〈2-1〉 2022 대선(전남 목포시), 사전투표 조작 실태**

20대 대통령 전남 목포시 사전투표 조작

| | 더불어민주당 | 국민의힘 | 정의당 | 기본소득당 | 국가혁명당 | 노동당 | 새누리당 | 신자유민주연합 | 우리공화당 |
|---|---|---|---|---|---|---|---|---|---|
| | 이재명 | 윤석열 | 심상정 | 오준호 | 허경영 | 이백윤 | 옥은호 | 김경재 | 조원진 |
| 1.발표득표수 | 84,496 | 9,209 | 1,213 | 43 | 565 | 34 | 10 | 12 | 12 |
| 득표율기준 | 0.88 | 0.10 | 0.01 | 0.00 | 0.01 | 0.00 | 0.00 | 0.00 | 0.00 |
| | 5.41% | -4.78% | 0.63% | 0.00% | 0.00% | 0.00% | 0.00% | 0.00% | 0.00% |
| 2.사전투표 조작수 | 5,211 | 4,605 | 607 | - | - | - | - | - | - |
| 사전투표선거인수 | | 50.0% | 50.0% | 0.0% | 0.0% | 0.0% | 0.0% | 0.0% | 0.0% |
| | | | | | | | | | |
| 3.예상 득표수 | 79,285 | 13,814 | 1,820 | 43 | 565 | 34 | 10 | 12 | 12 |
| 득표율 기준 | 0.82 | 0.14 | 0.02 | 0.00 | 0.01 | 0.00 | 0.00 | 0.00 | 0.00 |

데 50%(4,605표)를 빼앗겼다. 심상정도 50%(607표)를 빼앗겼다. "오지게 훔쳐갔다"는 표현을 사용하지 않을 수 없는 지경이 목포시에서 일어났다. 전산조작이란 이처럼 안면몰수하고 조작값이란 변수만 입력하면 무자비한 짓을 할 수 있음을 다시 확인하게 된다.

## 여수시와 순천시에서 일어난 일

여수시는 18만 9,617명의 총투표자수를 가진 곳이다. 전남에서 가장 많은 투표자수를 가진 곳이다. 이 가운데서 사전투표 투표자수는 11만 1,049명으로 58.56%를 차지한다.

선관위가 발표한 최종 선거 데이터인 후보별 득표수를 분석하면 여수시의 경우에는 조작값이 45%임을 확인할 수 있다. 45%라는 변수를 사용해서 윤석열과 심상정이 받은 사전투표 득표수 가운데 45%를 각각 빼앗았다. 빼앗은 만큼을 그대로 이재명에게 더해주는 전산조작이 발생하였음을 확인할 수 있다. 이를 다른 관점에서 이야

**〈2-2〉 2022 대선(전남 여수시), 사전투표 조작 실태**

20대 대통령 전남 여수시 사전투표 조작

| | 더불어민주당 | 국민의 힘 | 정의당 | 기본소득당 | 국가혁명당 | 노동당 | 새누리당 | 신자유민주연합 | 우리공화당 |
| --- | --- | --- | --- | --- | --- | --- | --- | --- | --- |
| | 이재명 | 윤석열 | 심상정 | 오준호 | 허경영 | 이백윤 | 옥은호 | 김경재 | 조원진 |
| 1.발표득표수 | 96,073 | 11,985 | 1,261 | 56 | 678 | 38 | 11 | 24 | 15 |
| 득표율기준 | 0.87 | 0.11 | 0.01 | 0.00 | 0.01 | 0.00 | 0.00 | 0.00 | 0.00 |
| | 5.37% | 4.86% | 0.51% | 0.00% | 0.00% | 0.00% | 0.00% | 0.00% | 0.00% |
| 2.사전투표 조작수 | 5,961 | 5,393 | 567 | - | - | - | - | - | - |
| 사전투표선거인수 | | 45.0% | 45.0% | 0.0% | 0.0% | 0.0% | 0.0% | 0.0% | 0.0% |
| | | | | | | | | | |
| 3.예상 득표수 | 90,112 | 17,378 | 1,828 | 56 | 678 | 38 | 11 | 24 | 15 |
| 득표율 기준 | 0.81 | 0.16 | 0.02 | 0.00 | 0.01 | 0.00 | 0.00 | 0.00 | 0.00 |

기하면, 선관위가 발표한 여수시 사전투표 득표수 및 총득표수 숫자가 모두 간단한 전산(사칙연산) 프로그램에 변수인 조작값 45%를 입력해서 만든 숫자임을 확인하게 된다.

여수시에서 윤석열은 사전투표에서 1만 1,985표를 받았지만 이 가운데 45%인 5,393표를 이재명에게 갖다 바쳤다. 이재명이 공짜로 취한 사전투표 득표수는 5,961표이다. 여수시에서 이재명은 압승하였다. 사전투표 득표율 기준으로 이재명 87%, 윤석열 11%이다. 이재명은 사전투표에서 윤석열에 비해 8배 이상의 표를 받았다. 윤석열이 얻은 얼마 되지 않는 득표수 가운데 45%를 훔쳐서 이재명에게 넘겼다.

한편 순천시는 19만 2,412명의 총투표자수를 가진 곳으로 전남에서 두 번째로 투표자수가 많은 곳이다. 이곳의 사전투표 투표자수는 총투표자수의 57.72%이다. 순천시뿐만 아니라 호남 지역의 다른 선거구에서도 사전투표 참가율은 전국에서도 압도적으로 높은 편이다.

순천시에서도 여수시와 마찬가지로 윤석열과 심상정의 사전투표

**〈2-3〉 2022 대선(전남 순천시), 사전투표 조작 실태**

20대 대통령 전남 순천시 사전투표 조작

| | 더불어민주당 이재명 | 국민의 힘 윤석열 | 정의당 심상정 | 기본소득당 오준호 | 국가혁명당 허경영 | 노동당 이백윤 | 새누리당 옥은호 | 신자유민주연합 김경재 | 우리공화당 조원진 |
|---|---|---|---|---|---|---|---|---|---|
| 1.발표득표수 | 95,333 | 12,538 | 1,483 | 48 | 576 | 41 | 16 | 24 | 15 |
| 득표율기준 | 0.86 | 0.11 | 0.01 | 0.00 | 0.01 | 0.00 | 0.00 | 0.00 | 0.00 |
| | 5.68% | 5.08% | 0.60% | 0.00% | 0.00% | 0.00% | 0.00% | 0.00% | 0.00% |
| 2.사전투표 조작수 | 6,309 | 5,642 | 667 | - | - | - | - | - | - |
| 사전투표선거인수 | | 45.0% | 45.0% | 0.0% | 0.0% | 0.0% | 0.0% | 0.0% | 0.0% |
| | | | | | | | | | |
| 3.예상 득표수 | 89,024 | 18,180 | 2,150 | 48 | 576 | 41 | 16 | 24 | 15 |
| 득표율 기준 | 0.80 | 0.16 | 0.02 | 0.00 | 0.01 | 0.00 | 0.00 | 0.00 | 0.00 |

득표수 가운데서 각각 45%를 빼앗아 이재명으로 옮겨지는 일이 일어났다. 전남을 대표하는 목포시, 여수시, 순천시에서 일어난 전산조작을 통한 후보별 득표수 증감 작업은 전남 22개 선거구에서 모두 일어났다.

이 같은 결과는 민주당의 텃밭에서는 조작이 일어날 가능성이 낮다는 일반 국민들의 통념을 여지없이 깨버렸다. 전산조작은 안면 몰수하고 조작을 하는 특성을 갖고 있음을 기억해야 할 것이다. 전산조작은 그냥 기계적이다. 짜놓은 전산 프로그램에 변수만 입력하면 척척 숫자를 만들어내는 것이 전산 작업이 가진 힘이다.

## 전남 전역, 40~45% 대세

지금까지 살펴본 바와 같이 조작값이 목포시 50%, 여수시 45%, 순천시 45%인 점을 염두에 두면, 전남의 22개 선거구에서 비슷한 조작값을 사용해서 득표수를 증가시키고 감소시키는 일이 일어났을 것으로 본다.

재야 전문가는 중앙선관위가 발표한 전남 지역의 후보별 득표수 자료를 샅샅이 분석하였다. 그 결과를 다음과 같이 요약 정리할 수 있다. 전남의 22개 선거구에서 찾아낸 조작값은 25~50% 사이에 분포되어 있다.

조작값 25% 선거구가 2개, 30% 선거구가 2개, 35% 선거구가 3개 지역이다. 상대적으로 조작 세기가 강한 조작값 40%가 7개, 45%가 6개, 그리고 50%가 2개 지역이다. 예를 들어 강진군에서는

## ⟨2-4⟩ 2022 대선(전남), 사전투표 조작값과 조작규모

| 선거구 | 조작값<br>(사전투표 득표수 기준) | 사전투표 조작규모<br>(인위적으로 이동시킨 득표수) |
|---|---|---|
| 25%(2개 지역) | | |
| 강진군 | 25% | 1,158표 |
| 광양시 | 25% | 4,828표 |
| 30%(3개 지역) | | |
| 진도군 | 30% | 964표 |
| 신안군 | 30% | 1,334표 |
| 보성군 | 30% | 1,342표 |
| 30%(2개 지역) | | |
| 영광군 | 35% | 2,108표 |
| 해남군 | 35% | 2,434표 |
| 40%(7개 지역) | | |
| 함평군 | 40% | 1,264표 |
| 구례군 | 40% | 1,346표 |
| 곡성군 | 40% | 1,512표 |
| 장흥군 | 40% | 1,556표 |
| 완도군 | 40% | 1,826표 |
| 고흥군 | 40% | 2,894표 |
| 무안군 | 40% | 3,734표 |
| 45%(6개 지역) | | |
| 담양군 | 45% | 2,324표 |
| 장성군 | 45% | 2,484표 |
| 화순군 | 45% | 2,618표 |
| 영암군 | 45% | 2,680표 |
| 여수군 | 45% | 11,922표 |
| 순천군 | 45% | 12,618표 |
| 50%(2개 지역) | | |
| 나주시 | 50% | 6,606표 |
| 목포시 | 50% | 10,422표 |

윤석열과 심상정의 사전투표 득표수 가운데 각각 25%를 빼앗았다. 동시에 같은 득표수만큼을 이재명에게 전산적으로 더해주었다. 이렇게 해서 이동된 사전투표 득표수 규모가 1,158표이다. 이 가운데 절반인 579표를 윤석열과 심상정에게서 빼앗았다. 강진군에서 윤석열은 526표를 빼앗겼고, 심상정은 53표를 빼앗겼다. 나머지 절반인 579표를 이재명에게 더해준 셈이다. 이렇게 해서 1,158표가 사전투표 조작을 위해 동원된 득표수가 된다. 같은 수만큼 빼기·더하기 작업을 했기 때문에 감쪽같이 속일 수 있다고 선거조작범들은 믿었던 모양이다.

## 강진군 보성군, 화끈하게 조작 못 한 이유

여기서 우리는 한 가지 의문문을 떠올리게 된다. 강진군은 물론이고 전국의 모든 선거구에서 더 화끈하게 조작값을 올릴 수 있지 않은가? 왜 그들은 그렇게 하지 않았을까?

예를 들어 강진군에서 심상정은 사전투표에서 210표를 받았을 뿐이다. 여기서 25%는 53표이다. 50%를 조작하면 105표를 훔칠 수 있다. 조작값을 강진군은 물론이고 전국적으로 1.5배나 2.0배로 올리면 쉽게 승리할 수 있는데, 왜 선거조작범은 그런 일을 시도하지 않았을까! 강진군 전체에서 심상정이 받은 득표수를 보면 쉽게 이런 생각을 할 수 있다.

여기서 우리는 매우 중요한 사실을 만나게 된다. 사전투표 조작의 기초 단위는 투표소 단위 혹은 동 단위에서 이루어진다. 그리고

**〈2-5〉 2022 대선(전남 강진군), 동 단위 조작값과 조작 규모**

| 조작값 | | |
| --- | --- | --- |
| 0.0% 이재명 | 25.0% 윤석열 | 25.0% 심상정 |
| - | 526.00 | 52.50 |
| - | 4.75 | 0.75 |
| - | 136.50 | 15.75 |
| - | 4.25 | 0.25 |
| | 141.50 | 13.00 |
| | 45.25 | 5.25 |
| | 27.00 | 3.00 |
| | 13.50 | 0.75 |
| | 16.75 | 1.75 |
| | 35.75 | 3.00 |
| | 18.50 | 1.25 |
| | 35.75 | 4.50 |
| | 22.25 | 1.25 |
| | 16.75 | 1.50 |
| | 7.50 | 0.50 |
| - | 526.00 | 52.50 |

주: 진한 부분은 위에서 순서대로 합계, 거소선상, 관외사전, 재외 그리고 동 단위의 관내사전투표에서 후보별로 이동시킨 득표수.

사전투표 조작의 대상은 투표소 단위 혹은 동 단위에서 특정 후보가 얻은 사전투표 득표수다.

강진군 자료를 꼼꼼히 들여다보면 전국을 일률적으로 화끈한 조작값을 적용시킬 수 없었던 전산조작범의 고민과 딜레마를 찾아낼 수 있다. 심상정이 강진군에서 관내사전투표에서 동 단위에서 10표 이하를 얻은 곳은 모두 7군데다. 이들 지역에서 심상정이 받은 관내사전투표 득표수는 강진군 대구면 3표, 마량면 7표, 신천면 5표, 작천면 5표, 병영면 6표, 음천면 2표이다. 이들 지역에 대해 25%가 적용되었을 때 빼앗긴 표수는 대구면 0.75표, 마량면 1.75표, 신천면 1.25표, 작천면 1.25표, 병영면 1.5표, 음천면 0.5표이다. 선거조작범들이 조작값을 최고 수준으로 올릴 수 없었던 이유는 강진군처럼 전국에서 투표자수가 작은 지역의 동 단위 관내사전투표 득표수 때문이었을 것으로 짐작된다. 지나치게 조작값을 크게 하는 경우 눈에 두드러질 수밖에 없다.

참고로 가장 하단에 나와 있는 것처

럼 강진군에서 빼앗은 윤석열 표수는 526표, 심상정은 반올림 처리해서 53표(52.50표)이다. 동 단위에서 빼앗은 표를 모두 합산한 값이다.

## 눈 딱 감고 더 올릴 수도 있어

한편 조작값이 30%로 낮은 보성군 사례도 흥미롭다. 보성군의 11개 면에서 읍·면·동 단위에서 심상정이 10표 이하로 받은 곳은 모두 8곳이다. 이곳에서도 과감하게 조작값을 올리는 일은 눈치가 보였을 것이다.

심상정의 관내사전투표 득표수가 10표 이하인 곳은 노동면 9표, 미력면 8표, 겸백면 3표, 율어면 4표, 북내면 8표, 문덕면 2표, 회천면 4표, 웅치면 3표이다. 이들 8개 면에 30% 조작값이 적용되었을 때 심상정이 빼앗기게 될 득표수는 다음과 같은 결과를 얻을 수 있다. 노동면 2.7표, 미력면 2.4표, 겸백면 0.9표, 율어면 1.2표, 북내면 2.4표, 문덕면 0.6표, 회천면 1.2표, 웅치면 0.9표 순서이다.

그럼에도 불구하고 조작값을 50%, 70% 혹은 100%까지 끌어올리는 것은 이론적으로는 얼마든지 가능하다. 어떤 경우에도 마이너스 표수는 나오지 않기 때문이다. 보성군에서 심상정이 관내사전투표에서 3표를 얻은 곳은 겸백면과 웅치면이다. 이들 지역에서 실험을 해보면 다음과 같다(〈2-6〉).

50%나 70%까지 조작값을 올리게 되면 심상정에게 남겨진 관내사전투표 득표수는 1표이다. 그럼에도 불구하고 그들은 조작값을

<2-6> 조작값 실험: 심상정의 웅치면-겸백면 관내사전(3표)

| 조작값 | 심상정 빼앗긴 표수 | 심상정에게 남겨진 표수 |
|---|---|---|
| 25% | −0.9표(반올림 -1표) | 2표 |
| 50% | −1.5표(반올림 -2표) | 1표 |
| 70% | −2.1표(반올림 -2표) | 1표 |

지나치게 올리게 되면 들통날 가능성에 대해 크게 신경을 썼을 것이다.

이런 점에서 심상정이 중도에 포기하지 않고 결선까지 후보를 고집한 것이 윤석열 승리에 어느 정도 기여한 것이 사실이다. 만약 민주당과 정의당 후보 단일화가 이루어졌다면 조작 대상은 윤석열에 국한된다. 그때는 사전투표 조작의 황금어장이 열리는 셈이다.

강진군의 경우 윤석열이 사전투표에서 얻은 득표수는 2,104표였다. 2022 대선에서 25%(526표)를 빼앗는 데 그쳤지만, 단일화되지 않았다면 그들은 조작값을 40%(842표), 50%(1,052표) 얼마든지 올릴 수 있었을 것이다. 대한민국의 자유애국 시민들은 정의당 심상정 후보에게 고개 숙여 감사해야 할지도 모르겠다! 정말 어처구니없는 현실이다. 투표하나 마음 놓고 제대로 할 수 없는 나라가 되어버렸으니 말이다.

# 전라북도

"51만 7,856표 차이로 이재명 승리! 전북 지역선관위 최종 발표 (사전투표 기준). 그러나 44만 8,576표 차이로 이재명 승리! 재야 전문가 추정치. 사전투표 조작으로 강제로 이동된 득표수 증가와 감소를 수정한 이후의 진짜 득표수 추정치다. 6만 9,279표 차이 발생! 전북 지역에서 사전투표 조작을 위해 강제로 동원된 득표수(총조작값 9.76%)로 추정된다."

## 전주시에서 일어난 일

전주시는 명실상부한 전라북도 대표도시다. 전주시를 이루고

**〈2-7〉 2022 대선(전북 전주시 덕진구), 사전투표 조작 실태**

20대 대통령 전북 전주 덕진구 사전투표 조작

| | 더불어민주당 | 국민의 힘 | 정의당 | 기본소득당 | 국가혁명당 | 노동당 | 새누리당 | 신자유민주연합 | 우리공화당 |
|---|---|---|---|---|---|---|---|---|---|
| | 이재명 | 윤석열 | 심상정 | 오준호 | 허경영 | 이백윤 | 옥은호 | 김경재 | 조원진 |
| 1.발표득표수 | 101,392 | 16,908 | 2,073 | 36 | 658 | 28 | 5 | 10 | 11 |
| 득표율기준 | 0.83 | 0.14 | 0.02 | 0.00 | 0.01 | 0.00 | 0.00 | 0.00 | 0.00 |
| | 6.22% | 5.54% | 0.68% | 0.00% | 0.00% | 0.00% | 0.00% | 0.00% | 0.00% |
| 2.사전투표 조작수 | 7,592 | 6,763 | 829 | - | - | - | - | - | - |
| 사전투표선거인수 | | 40.0% | 40.0% | 0.0% | 0.0% | 0.0% | 0.0% | 0.0% | 0.0% |
| | | | | | | | | | |
| 3.예상 득표수 | 93,800 | 23,671 | 2,902 | 36 | 658 | 28 | 5 | 10 | 11 |
| 득표율 기준 | 0.77 | 0.19 | 0.02 | 0.00 | 0.01 | 0.00 | 0.00 | 0.00 | 0.00 |

있는 덕진구와 완산구에서 덕진구를 살펴본다. 총투표자수 21만 5,995명, 사전투표 투표자수 12만 1,995명으로 사전투표 참가 비중이 56.48%에 달할 정도로 사전투표 열기가 높았다.

사전투표 조작값은 윤석열 40%, 심상정 40%였다. 윤석열이 받은 사전투표 득표수 1만 6,908표 가운데 40%를 차지하는 6,763표를 전산적으로 빼앗아서 이재명에게 더해주었다. 그리고 심상정이 받은 2,073표 가운데 40%인 829표를 이재명에게 이동시켰다.

다른 지역의 선거구에 비해 사전투표 득표수 면에서 이재명은 윤석열보다 10배를 더 받을 정도로 윤석열이 받은 사전투표 득표수가 작았음에도 불구하고 40%를 빼앗아버렸다. 결과적으로 사전투표가 정상투표였다면 이재명의 예상 사전투표 득표율은 77%였지만, 득표수가 더해지면서 이재명의 득표율은 83%로 껑충 뛰어오른다. 반면 윤석열은 19%가 14%로 줄어들고 만다.

호남 지역은 윤석열이 받은 사전투표 득표수가 얼마 되지 않기 때문에 사전투표 조작이 덜했을 것이라는 통념을 깨버리는 사례에 속한다. 얼마 되지 않은 표조차 빼앗기 위해 조작값을 무려 40%나 적용시킨 경우다.

## 군산시에서 일어난 일

군산시의 총투표자수는 17만 7,339명이고, 사전투표자수는 10만 3,316명이다. 군산시의 사전투표 참가 비중은 58.25%로 투표자의 절반 이상이 사전투표에 참가하였다. 사전투표 참가율이 높다는 이야기는 사전투표에 손대기를 원하는 사람들에겐 좋은 소식이다.

군산시의 조작값은 35%이다. 전주시의 40%와 달리 윤석열 35%, 심상정 35%이다. 윤석열과 심상정이 받은 사전투표 득표수 1만 4,775표와 1,387표 가운데 각각 35%인 5,171표와 1,141표이다. 결과적으로 두 사람이 빼앗긴 득표수를 합친 6,312표가 이재명에게 더해지게 된다. 빼앗아서 더해주는 전형적인 전산(사칙연산) 프로그램이 선관위 발표 후보별 사전투표 득표수에서 발각되었음을 뜻한다.

〈2-8〉 2022 대선(전북 군산시), **사전투표 조작 실태**

20대 대통령 전북 군산시 사전투표 조작

| | 더불어민주당 | 국민의 힘 | 정의당 | 기본소득당 | 국가혁명당 | 노동당 | 새누리당 | 신자유민주연합 | 우리공화당 |
|---|---|---|---|---|---|---|---|---|---|
| | 이재명 | 윤석열 | 심상정 | 오준호 | 허경영 | 이백윤 | 옥은호 | 김경재 | 조원진 |
| 1.발표득표수 | 85,739 | 14,775 | 1,387 | 46 | 554 | 38 | 8 | 6 | 13 |
| 득표율기준 | 0.83 | 0.14 | 0.01 | 0.00 | 0.01 | 0.00 | 0.00 | 0.00 | 0.00 |
| | 6.11% | -5.01% | 1.10% | 0.00% | 0.00% | 0.00% | 0.00% | 0.00% | 0.00% |
| 2.사전투표 조작수 | 6,312 | 5,171 | 1,141 | - | - | - | - | - | - |
| 사전투표선거인수 | | 35.0% | 35.0% | 0.0% | 0.0% | 0.0% | 0.0% | 0.0% | 0.0% |
| 3.예상 득표수 | 79,427 | 19,946 | 2,528 | 46 | 554 | 38 | 8 | 6 | 13 |
| 득표율 기준 | 0.77 | 0.19 | 0.02 | 0.00 | 0.01 | 0.00 | 0.00 | 0.00 | 0.00 |

군산시 차이값을 찾아내는 시작 단계에서 이재명과 윤석열의 차이값(사전-당일)은 각각 +3.5%, -3.5%를 기록하고 있었다. 오차범위를 살짝 벗어난 크기의 차이값이었다. 여기서 다양한 조작값을 입력한 끝에 두 후보의 차이값이 각각 -2.5%, +2.5%로 오차범위 내에 들어간 상태에서 컴퓨터가 크게 외쳤다. "딩동댕! 윤석열과 심상정의 조작값은 각각 35%입니다!" 선관위 발표 후보별 득표수로 이루어진 선거 데이터에 일정한 규칙, 즉 조작값이 존재한다는 뜻이다. 이를 달리 해석할 수 있다. 조작값 35%라는 의미는 선관위 발표 득표수가 일정한 조작값 35%를 전산 프로그램에 입력해서 만든 숫자임을 알 수 있다.

사전투표 조작을 하지 않았다면 윤석열은 10만 5,057표 차이로 이재명에게 패배하였을 것으로 추정된다. 그러나 선관위는 11만 6,690표 차이로 패배하였다고 발표하였다. 선관위 발표 후보 간 격차가 뻥튀기되었음을 알 수 있다. 이처럼 조작값을 이용해서 숫자를 만들기 나름이다.

## 전북 전역, 30~50% 다양한 분포

재야 전문가는 전북을 구성하는 15개 선거구의 선관위 발표 후보별 득표수를 샅샅이 분석하였다. 선관위 선거 데이터들은 전북의 모든 선거구에서 일정한 규칙을 갖고 있었다. 한 곳도 예외 없이 변수(조작값)가 입력된 일정한 전산 프로그램이 가동되어 만들어진 숫자임을 확인할 수 있었다.

다양한 조작값을 찾아낼 수 있었다. 조작값 30%는 2개 선거구 (무주군, 부안군)였으며, 35%는 1개 선거구(군산시)였다. 여기서 조작 값 30%는 윤석열과 심상정이 얻은 사전투표 득표수 가운데 30%씩 을 빼앗아서 이재명에게 더해주는 전산 프로그램으로 사전투표 득 표수를 만들었음을 뜻한다. 〈1-1〉에서 말하는 A, B, C를 국민들에 게 발표한 것이 아니라 〈1-2〉에서 말하는 A′, B′, C′, 즉 '만들어낸 숫 자'를 발표했다는 뜻이다.

조작값 40%와 45%가 각각 5개 선거구씩 가장 많다. 조작값 40%는 순창군, 남원시, 익산시, 전주시 덕진구, 전주시 완산구이다. 조작값 50% 선거구는 임실군, 고창군, 김제시, 완주군, 정읍시다. 전 북 지역에서 조작값 최대치는 50%로 2개 선거구(장수군, 진안군)의 선거 데이터에서 찾아낼 수 있었다.

선거 데이터 분석의 큰 성과는 호남 지역은 사전투표 조작이 심 하지 않을 것이라는 일반적인 통념을 깨어버린 것이다. 오히려 조작 값은 40~50%로 높았다. 윤석열과 심상정이 보잘것없는 수준으로 표를 받았음에도 불구하고, 그것조차 빼앗기 위해 40~50% 조작값 을 적용해서 표를 약탈한 것이다. 이건 도둑질이라도 보통 심각한 도둑질이 아니다.

한편 우리는 자연스럽게 이런 질문을 던지게 된다. "도대체 선거 조작범들은 무슨 기준으로 이처럼 조작값을 다양하게 입력해서 후 보별 득표수를 만들었을까?" 직접 그들을 조사해서 실토를 받아내 는 것 외에 추측할 수밖에 없다. 젊은 날 가설을 세우고, 숫자 분석 을 통해 가설의 옳고 그름을 변별하는 데 익숙한 필자도 자연스럽 게 이를 파악해보려는 생각을 하게 된다.

**〈2-9〉 2022 대선(전북), 사전투표 조작값과 조작규모**

| 선거구 | 조작값<br>(사전투표 득표수 기준) | 사전투표 조작규모<br>(인위적으로 이동시킨 득표수) |
|---|---|---|
| 30%(2개 지역) | | |
| 무주군 | 30% | 1,426표 |
| 부암군 | 30% | 2,026표 |
| 35%(1개 지역) | | |
| 군산시 | 35% | 12,624표 |
| 40%(5개 지역) | | |
| 순창군 | 40% | 1,324표 |
| 남원시 | 40% | 4,310표 |
| 익산시 | 40% | 13,986표 |
| 전주 덕진 | 40% | 15,184표 |
| 전주 완산 | 40% | 16,080표 |
| 45%(5개 지역) | | |
| 임실군 | 45% | 1,608표 |
| 고창군 | 45% | 2,774표 |
| 김제시 | 45% | 4,404표 |
| 완주군 | 45% | 4,992표 |
| 정읍시 | 45% | 5,708표 |
| 50%(2개 지역) | | |
| 장수군 | 50% | 1,488표 |
| 진안군 | 50% | 1,880표 |

전북에서 조작값이 가장 높은 장수군과 진안군의 경우에 사전투표 비중이 유난히 높다. 각각 총투표자수에서 사전투표자수가 차지하는 비중이 71.06%와 72.01%나 된다. 상식적으로 우리는 한 가지 가설을 생각해내게 된다. 사전투표 참가율이 높으면 사전투표 투표

| | 조작값 | 사전투표 참가 비중 |
|---|---|---|
| 장수군 | 50% | 71.06% |
| 진안군 | 50% | 72.01% |
| 무주군 | 30% | 66.84% |
| 부암군 | 30% | 68.78% |
| 군산시 | 35% | 58.25% |
| 임실군 | 45% | 71.43% |
| 고창군 | 45% | 66.87% |
| 김제시 | 45% | 66.22% |
| 완주군 | 45% | 63.12% |
| 정읍시 | 45% | 65.99% |

주: 사전투표 참가 비중은 총투표자수 대비 사전투표 투표자수의 퍼센트.

자수가 늘어나게 된다. 사전투표 투표자수가 늘어난다는 이야기는 그만큼 표를 훔칠 대상이 증가함을 뜻한다. 선거조작범 입장에선 조작값을 올려서 더 많은 득표수를 훔칠 의도를 실행에 옮길 대상이 많아졌음을 뜻한다.

　이를 간단하게 표현하면, '조작값 결정은 어느 정도 사전투표 참가율에 비례한다'는 추측을 해볼 수 있다. 그렇지만 전북을 조사해 보면, 그럴 것 같다는 생각이 들긴 하지만 뚜렷한 관계를 찾아낼 수는 없었다. 이 부분은 앞으로 더 조사해봐야 할 과제이다. 선거조작범들은 어떤 기준으로 조작값을 결정했을까? 엿장수 마음대로 기분 내키는 대로 하지는 않았을 것이다.

# 3

# 광주광역시

"43만 5,105표 차이로 이재명 승리! 선관위 광주광역시 선거 결과 최종 발표(사전투표 기준). 그러나 재야 전문가 추정치는 다르다. 37만 6,764표 차이로 이재명 승리! 사전투표 조작을 위해 강제로 이동된 득표수 증가와 감소를 수정한 이후의 진짜 득표수 추정치다. 광주(10.44%)의 총조작값은 전남(7.88%), 전북(9.76%)보다 크게 높다."

## 예외 없이 40% 조작

선거를 조작하는 사람들의 입장에서 광주광역시를 요리하는 일

### 〈2-11〉 2022 대선(광주), 사전투표 조작값과 조작규모

| 선거구 | 조작값<br>(사전투표 득표수 기준) | 사전투표 조작규모<br>(인위적으로 이동시킨 득표수) |
|---|---|---|
| 동구 | 40% | 5,704표 |
| 서구 | 40% | 13,030표 |
| 남구 | 40% | 9,812표 |
| 북구 | 40% | 18,468표 |
| 광산구 | 40% | 14,500표 |

은 상대적으로 무척 쉬웠을 것이다. 이것저것 고민할 필요 없이 5개 선거구 모두에서 동일한 조작값 40%를 적용시켰기 때문이다. 정확하게 윤석열과 심상정이 얻은 사전투표 득표수 가운데 각각 40%만큼 이재명에게 넘어갔다. 40%라고 하지만 워낙 윤석열과 심상정이 얻은 득표수가 작다.

광주광역시는 물론이고 전남, 전북은 선거에 관한 한 매우 특수한 지역이다. 민주당 텃밭이기 때문에 이재명 득표수와 윤석열 득표수 사이에 엄청난 격차가 존재한다. 예를 들어 광산구에서 사전투표 득표수는 이재명 12만 5,889표, 윤석열 1만 6,046표이다. 이재명이 7.84배를 더 받았다. 양 후보 사이에 득표수 격차가 상당히 벌어진다는 이야기는 윤석열과 심상정이 무시할 만큼 적은 사전투표 득표수를 얻었다는 이야기다. 이처럼 득표수가 얼마 되지 않는데도 불구하고 그것마저 내버려두지 않고 40~50% 가져다가 이재명에게 넘겨 버렸다. 전산조작의 무자비함과 전산조작범들의 양심 불량을 떠올리기에 충분하다.

또 한 가지 선거분석 결과도 조금 특이하다. 전국의 다른 지역의 경우에는 조작값을 찾아내는 상태, 즉 정상투표라고 간주되는 상태에서 이재명과 윤석열의 차이값(사전-당일)이 오차범위에 속함은 물론이지만 크기도 무시할 정도로 아주 작다. 예를 들어 대전 동구의 경우 이재명 차이값 -0.647%, 윤석열 차이값 +0.647%이다.

그런데 광주 광산구의 경우 이재명 차이값 -2.6%, 윤석열 차이값 +2.64%로 오차범위 내에 위치해 있지만, 크기가 큰 편이다. 광주 북구도 이재명과 윤석열의 차이값이 각각 -1.831%, +1.831%이다. 광주 서구 역시 -2.262%와 +2.262%이다.


## 선관위 데이터 얼마든지 복원 가능

"선관위 발표 후보별 득표수가 만들어진 숫자."

이게 사실이라면 이것은 보통 심각한 문제가 아니다. 선관위가 발표한 후보별 득표수(〈1-2〉 A′, B′, C′)는 '만들어진 숫자'다. 선관위는 후보별 득표수 계산(관리)위원회이지 제조(생산)위원회가 되어선 안

〈2-12〉 2022 대선(광주광역시), 조작된 상태 vs 조작되지 않은 상태

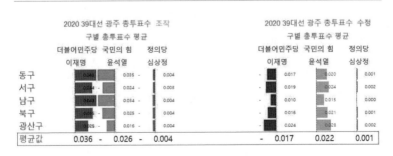

된다. 당연히 선관위가 발표해야 하는 것은 실제로 후보들이 받은 득표수(⟨1-1⟩ A, B, C)여야 한다.

재야 전문가의 선거 데이터 분석이 우리에게 말해주는 것은 명확하다. 선관위 발표 후보별 득표수에서 일정한 규칙을 찾아낼 수 있었고, 그 규칙의 핵심을 차지하는 구성요소는 첫째, 사칙연산 프로그램 둘째, 그것을 작동시키기 위해 입력된 변수(조작값)이다.

여러분이 보는 ⟨2-12⟩ 광주광역시 차이값(사전-당일) 그래프 가운데 왼쪽은 선관위 발표 후보별 득표수(A', B', C')를 기초로 작성한 것이다.

좌우대칭, 큰 차이값 크기(윤석열 평균치 -2.6%, 이재명 +3.2%), 윤석열은 5개 선거구에서 모두 마이너스 값, 이재명은 5개 선거구에서 모두 플러스 값 등 전산조작의 전형적인 모습을 취하고 있다.

오른쪽은 선관위 발표 후보별 득표수(A', B', C')에서 찾아낸 조작값을 활용해서 조작되지 않은 상태를 복원한 후보별 진짜 득표수(추정치)를 바탕으로 작성된 차이값 그래프다. 차이값 크기는 윤석열 평균치 +2.2%, 이재명 -1.7%이다. 왼쪽 그래프는 두 눈으로 보기만 하더라도 '윤석열의 표를 빼앗아다가 이재명에게 더해줬구나'라는 생각을 할 수 있을 것이다.

왼쪽 그래프에는 윤석열과 심상정이 빼앗긴 표, 이재명에게 더해진 표가 모두 포함되어 있다. 왼쪽 그래프의 기초가 되는 후보별 득표수는 조작값 40%를 이용해서 '만들어진 후보별 득표수'(⟨1-2⟩ A', B', C')이다. 여기서 찾아낸 규칙, 즉 조작값을 이용해서 윤석열과 심상정이 빼앗긴 표를 되찾아서 더해주고, 이재명이 빼앗아간 표를 돌려준 후보별 진짜 득표수(⟨1-1⟩ A, B, C)가 왼쪽 그래프에 포함되어 있다.

왼쪽 그래프로부터 오른쪽 그래프가 거의 완벽하게 재현 내지 복원될 수 있다. 동시에 오른쪽 그래프로부터 왼쪽 그래프가 거의 완벽하게 재현 내지 복원될 수 있다. 달리 이야기하면 오른쪽처럼 조작되지 않은 후보별 진짜 득표수를 완벽하게 복구할 수 있다. 동시에 조작되지 않은 오른쪽의 후보별 진짜 득표수에서 조작된 왼쪽의 후보별 가짜 득표수를 복구 내지 복원할 수 있다.

결론적으로 중앙선관위 발표 후보별 득표수를 일정한 사칙연산 프로그램과 변수(조작값)을 이용해서 복구할 수 있다는 말이다. 이것이 2022 대선은 물론이고 2017 대선부터 반복적으로 일어나고 있는 것이 현실이다.

## 선거 데이터를 만드는 나라

"2022 대선, 선거 데이터를 만든 선거."
"2022 대선, 후보별 득표수를 만들어서 발표한 선거."

재야 전문가와 내가 이 문제를 남들처럼 그냥 포기해버릴 수 없는 이유다. 몰라서라면 그냥 입 다물고 살아갈 것이다. 그래도 이 엄청난 일을 알았는데, 인간이 동물도 아니고 어떻게 제 경력관리와 제 이익을 위해 입을 다물고 살 수 있겠는가! 책을 쓰는 이유도 간단하다. 모르고 당하는 것은 자기 책임이라 할 수 없지만, 알고 당하는 것은 자기가 책임져야 할 일이 아닌가. 일단 사람들이 알아야 하고, 알고 난 다음에 그냥 침묵하면 그것은 각자가 책임질 일이다.

숫자를 볼 수 있는 훈련을 젊은 날 받았고, 글 쓰는 일을 오랫동안 해왔기 때문에 책으로 알리는 일을 내가 해야 한다고 생각했다. 그래서 유튜브 작업 때문에 3년 정도 손을 놓았던 작가로서의 삶으로 다시 돌아오게 되었다.

다시 선거 데이터 문제로 돌아가 보자. 선관위 발표 후보별 득표수를 분석해서 찾아낸 조작값을 이용해서 전국의 모든 선거구에서 조작되지 않은 선거 상태, 즉 후보별 진짜 득표수를 추정해낼 수 있다. 동시에 이를 바탕으로 조작값을 역으로 사용해서 선관위 발표 후보별 득표수를 복구해낼 수 있다.

왼쪽의 차이값(사전-당일) 그래프는 〈1-2〉 A′, B′, C′(사전투표 조작이 포함된 후보별 득표수)에 바탕을 두고 있다. 오른쪽의 차이값(사전-당일) 그래프는 〈1-1〉 A, B, C(사전투표 조작이 제거된 후보별 득표수)에 바탕을 두고 있다.

선거관리위원회는 A, B, C를 계산해서 발표하기 위해 존재하는 기관이다. 선거관리위원회는 A′, B′, C′와 같이 스스로 제조한, 생산한, 조작한 후보별 득표수를 발표하라고 존재하는 공적기관이 아니다. 만일 그런 과업을 수행하기를 원한다면 당연히 이름을 바꾸어야 할 것이다. 선거결과생산위원회, 선거결과조작위원회, 선거결과제조위원회로 이름을 바꾸어 달고 영업을 해야 할 것이다.

다음은 광주광역시의 남구, 북구, 광산구 차이값 그래프다. 왼쪽은 조작된 후보별 득표수(A′, B′, C′)에서 구한 차이값 그래프다. 기계적 아름다움을 관찰할 수 있는 좌우대칭의 특별한 그림이다. 오른쪽은 사전투표 조작이 제거된 후보별 득표수(A, B, C)에서 구한 그래프다. 자연수, 무작위수가 얼마나 제멋대로인지를 말해주고 있다. 투

**〈2-12-1〉 2022 대선(광주 남구), 조작된 상태 vs 조작되지 않은 상태**

| | 2022년 20대선 광주 남구(조작) | | | 2022년 대선 광주 남구 (수정) | | |
|---|---|---|---|---|---|---|
| | 더불어민주당 이재명 | 국민의힘 윤석열 | 정의당 심상정 | 더불어민주당 이재명 | 미래통합당 윤석열 | 정의당 심상정 |
| 거소·선상투표 | 0.10 | 0.05 | 0.01 | 0.15 | 0.01 | 0.02 |
| 관외사전투표 | 0.01 | 0.01 | 0.00 | 0.06 | 0.05 | 0.00 |
| 재외투표 | 0.03 | 0.02 | 0.03 | 0.10 | 0.03 | 0.04 |
| 양림동 | 0.05 | 0.04 | 0.00 | 0.00 | 0.00 | 0.00 |
| 방림1동 | 0.06 | 0.04 | 0.01 | 0.01 | 0.00 | 0.00 |
| 방림2동 | 0.06 | 0.05 | 0.01 | 0.03 | 0.02 | 0.00 |
| 봉선1동 | 0.04 | 0.03 | 0.00 | 0.01 | 0.02 | 0.00 |
| 봉선2동 | 0.10 | 0.09 | 0.01 | 0.02 | 0.00 | 0.00 |
| 사직동 | 0.05 | 0.04 | 0.00 | 0.01 | 0.00 | 0.00 |
| 월산동 | 0.07 | 0.05 | 0.01 | 0.03 | 0.00 | 0.00 |
| 월산4동 | 0.06 | 0.05 | 0.00 | 0.02 | 0.01 | 0.00 |
| 월산5동 | 0.07 | 0.05 | 0.01 | 0.04 | 0.02 | 0.01 |
| 백운1동 | 0.04 | 0.03 | 0.00 | 0.00 | 0.01 | 0.00 |
| 백운2동 | 0.03 | 0.00 | 0.00 | 0.02 | 0.04 | 0.00 |
| 주월1동 | 0.04 | 0.03 | 0.00 | 0.01 | 0.00 | 0.00 |
| 주월2동 | 0.06 | 0.05 | 0.01 | 0.03 | 0.00 | 0.01 |
| 효덕동 | 0.07 | 0.05 | 0.01 | 0.02 | 0.00 | 0.00 |
| 송암동 | 0.03 | 0.02 | 0.00 | 0.02 | 0.03 | 0.00 |
| 대촌동 | 0.04 | 0.03 | 0.00 | 0.01 | 0.00 | 0.00 |
| 진월동 | 0.05 | 0.03 | 0.01 | 0.00 | 0.00 | 0.01 |

표자들이 던진 득표수는 자연수이지 만들어낸 숫자는 아님을 주목해야 한다.

선거구마다 사전투표 조작이 어떻게 이루어지고 있는지를 3개 선거구는 말해주고 있다. 동 단위에서 조작값을 활용해서 표를 훔치고, 표를 더하는 일이 일어나기 때문에 빼앗기는 후보의 차이값(사전-당일 득표율)은 모두 마이너스(-) 값이 나온다. 마찬가지로 표를 공짜로 먹어치우는 후보의 차이값(사전-당일투표 득표율)은 항상 플러스(+) 값을 가진다.

광주 남구에서 이재명의 관내사전투표 승률 17:0, 17개 동에서 모두 이재명이 승리하였다. 1/2의 17승의 불가능한 확률이 2022 대선 광주 남구에서 일어났다.

**〈2-12-2〉 2022 대선(광주 북구), 조작된 상태 vs 조작되지 않은 상태**

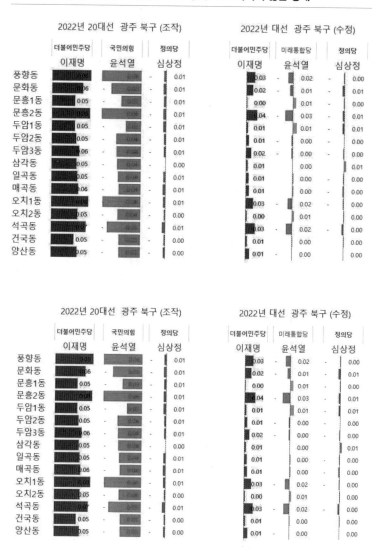

광주 북구에서 이재명의 관내사전투표 승률 26:0이다. 27개 동에서 용봉동에서 무승부를 기록한 것을 빼고 이재명이 전승하였다.

1/2의 26승의 불가능한 확률이 2022 대선 광주 북구에서 일어났다.

광주 광산구에서 이재명의 관내사전투표 승률 20:0, 21개 동에서 삼도동을 빼고 모든 곳에서 이재명이 승리하였다. 1/2의 20승의 불가능한 확률이다.

선거 데이터를 엿장수 마음대로 제조하고, 이를 발표하고, 이를

**〈2-12-3〉 2022 대선(광주 광산구), 조작된 상태 vs 조작되지 않은 상태**

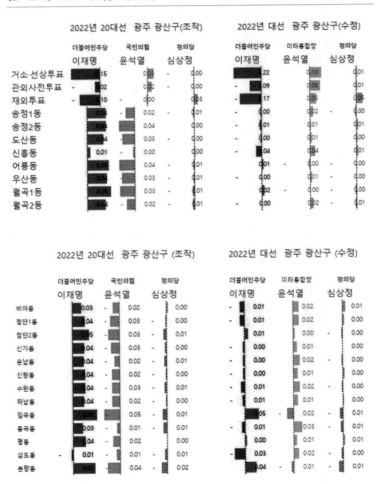

당락 결정에 활용하는 나라가 바로 대한민국이다. 선거가 선거가 아니라 선거 데이터를 만들어내는 것이 대한민국 공직선거의 현주소이다. 그리고 이런 짓을 한 자들이나 세력도 문제이지만 이를 인지하고도 침묵하고 덮기로 결정한 자나 세력도 크게 다를 바가 없다. 그래서 "이넘(놈)이 그넘이고, 그넘이 이넘이다"라는 말을 떠올리지 않을 수 없다.

제3장

# 평범한 조작 지역
# : 울산, 인천,
# 충북, 경남,
# 부산, 강원

"2022 대선에서 양극단 값을 제외한 평균
적인 조작의 세기는 사전투표 투표자수 가
운데 12.64%를 이동시킨 울산으로부터,
13.87%를 이동시킨 강원이 포함된다. 울산
과 강원도에서 사전투표 조작을 위해 동원
된 득표수는 약 4만 표와 7만 표이다. 평범한
조작 권역에 속하는 6개 광역시도 가운데 경
남에서는 약 13만 5,000표를 인위적으로 이
동시켰다."

# 울산광역시

"3만 5,383표 차이로 윤석열이 이재명을 사전투표에서 눌렀다(선관위 발표)! 그게 아니고 7만 6,789표 차이로 윤석열이 이재명을 눌렀다(추정치, 사전투표 제거한 이후 득표수 기준)! 4만 1,406표가 사전투표 조작을 위해 강제로 이동시킨 득표수로 추정된다."

## 15% 사전투표 조작

울산광역시를 구성하고 있는 5개 선거구에 사용된 조작값은 15%로 동일하다. 달리 이야기하면 선관위가 발표한 후보별 득표수가 일정한 규칙을 이용해서 만들어진 숫자임을 뜻한다. 윤석열과 심

〈3-1〉 2022 대선(울산), 사전투표 조작값과 조작규모

| 선거구 | 조작값<br>(사전투표 득표수 기준) | 사전투표 조작규모<br>(인위적으로 이동시킨 득표수) |
|---|---|---|
| 중구 | 15% | 11,262표 |
| 남구 | 15% | 16,334표 |
| 동구 | 15% | 6,542표 |
| 북구 | 15% | 8,354표 |
| 울주군 | 15% | 11,668표 |

상정에게서 사전투표 득표수를 빼앗아서 이재명에게로 이동시키는 전산 프로그램에 변수(조작값 15%)를 입력해서 만들어진 숫자가 바로 선관위 발표 후보별 득표수임을 의미한다. 그만큼 조작값을 찾아내는 것은 중요한 의미를 갖고 있다.

사전투표 조작규모는 사전투표 득표수 가운데서 조작을 위해 이동된 총득표수를 말한다. 절반은 윤석열과 심상정에게서 빼앗은 득표수이고, 나머지 절반은 이재명에게 더해진 득표수를 말한다. 예를 들어 울산 중구에서는 1만 1,262표가 사전투표 조작에 동원되었고, 이 가운데 절반인 5,631표가 윤석열과 심상정에게서 훔친 득표수이고, 나머지 절반이 이재명에게 공짜로 더해진 득표수다.

〈3-2〉에서 울산 중구 사례를 더 자세히 들여다보자. 윤석열과 심상정이 빼앗긴 사전투표 득표수는 각각 5,371표와 260표이다. 윤석열이 빼앗긴 사전투표 득표수 바로 위에 있는 8.02%와 0.39%라는 숫자를 볼 수 있을 것이다. 8.02%는 윤석열이 빼앗긴 득표수가 총득표수(사전+당일)에서 차지하는 비중을 말한다. 다시 이야기하면 윤석열은 울산 중구에서 자신이 받은 사전투표 득표수 기준으로 15%

| | 더불어민주당 | 국민의 힘 | 정의당 | 기본소득당 | 국가혁명당 | 노동당 | 새누리당 | 신자유민주연합 | 우리공화당 |
|---|---|---|---|---|---|---|---|---|---|
| | 이재명 | 윤석열 | 심상정 | 오준호 | 허경영 | 이백윤 | 옥은호 | 김경재 | 조원진 |
| 1.발표득표수 | 27,937 | 35,809 | 1,732 | 31 | 596 | 30 | 8 | 17 | 37 |
| 득표율기준 | 0.42 | 0.53 | 0.03 | 0.00 | 0.01 | 0.00 | 0.00 | 0.00 | 0.00 |
| | 8.41% | 8.02% | 0.39% | 0.00% | 0.00% | 0.00% | 0.00% | 0.00% | 0.00% |
| 2.사전투표 조작수 | 5,631 | 5,371 | 260 | - | - | - | - | - | - |
| 사전투표선거인수 | | 15.0% | 15.0% | 0.0% | 0.0% | 0.0% | 0.0% | 0.0% | 0.0% |
| 3.예상 득표수 | 22,306 | 41,180 | 1,992 | 31 | 596 | 30 | 8 | 17 | 37 |
| 득표율 기준 | 0.33 | 0.62 | 0.03 | 0.00 | 0.01 | 0.00 | 0.00 | 0.00 | 0.00 |

20대 대통령 울산 중구 사전투표 조작

를 빼앗겼고, 총득표수 기준으로 8.02%를 빼앗겼다는 것을 뜻한다.

울산 중구 선거 데이터를 분석하면 사전투표 조작이 가해지지 않은 군소 후보들에게는 모두 0.0%라는 값이 나온다. 컴퓨터가 이렇게 외치는 것으로 해석해야 한다. "딩동댕! 오준호, 허경영, 이백윤, 옥은호, 김경재 등의 후보들로부터는 강제적인 득표수 이동이 없었습니다!"

## 사전투표 조작의 파급효과

사전투표 조작은 상당한 파급효과가 있었다. 이재명은 울산 중구 선거가 정상투표였다면 사전투표 득표율이 33%에 머물렀을 것으로 예상되었다. 하지만 사전투표 조작에 힘입어서 사전투표 득표율이 42%로 껑충 뛰어오른다. 선관위가 발표한 이재명 울산 중구 사전투표 득표수에는 윤석열과 심상정에게서 빼앗은 득표수가 고스란히 담겨 있다.

한편 윤석열은 사전투표 조작이 없는 정상선거였다면 사전투표 득표율이 62%로 예상되지만, 사전투표 득표수를 왕창 빼앗겼기 때문에 53%로 득표율이 내려앉고 만다. 이처럼 선관위 발표 후보별 득표수에는 사전투표 조작으로 인한 득표수 증가와 감소가 고스란히 담겨 있다. 놀랍지 않은가! 33%를 받았어야 할 후보를 42%를 받은 것으로 만들어주는 선거, 62%를 받아야야 할 후보를 53%로 주저앉히는 선거. 2022 대선 울산 중구 선거 데이터에서 확인할 수 있는 사실이다.

## 조작된 상태 vs 조작을 제거한 상태

이 같은 심각한 문제점을 확인한 재야 전문가는 이재명이 빼앗아간 득표수를 토해내게 하고, 윤석열이 빼앗긴 득표수를 찾아주는 작업을 진행하였다. 선관위 발표 후보별 득표수에서 조작값을 찾아냈기 때문에 가능한 일이다.

이렇게 극명하게 대조되는 두 가지 그래프가 탄생하게 된다. 왼쪽은 선관위 발표 후보별 득표수를 바탕으로 작성된 차이값(사전-당일) 그래프이다. 오른쪽은 선관위 발표 득표수에 포함된 사전투표 득표수의 인위적인 증가와 감소를 제거한 후보별 득표수 추정치에 바탕을 둔 차이값 그래프이다(⟨3-3⟩).

왼쪽의 선관위 발표 득표수에 의한 차이값의 평균값은 이재명 +6.7%, 윤석열 -5.4%이다. 사전투표와 당일투표에서 특정 후보에

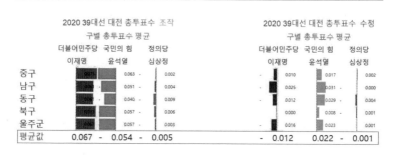

**〈3-3〉2022 대선(울산 중구), 조작된 상태 vs 조작되지 않은 상태**

| | 2020 39대선 대전 총투표수 조작<br>구별 총투표수 평균 | | | 2020 39대선 대전 총투표수 수정<br>구별 총투표수 평균 | | |
| | 더불어민주당 | 국민의 힘 | 정의당 | 더불어민주당 | 국민의 힘 | 정의당 |
| | 이재명 | 윤석열 | 심상정 | 이재명 | 윤석열 | 심상정 |
|---|---|---|---|---|---|---|
| 중구 | 0.075 | 0.063 - | 0.002 | - 0.010 | 0.017 - | 0.002 |
| 남구 | | 0.051 - | 0.004 | 0.025 | 0.031 - | 0.000 |
| 동구 | | 0.040 - | 0.009 | 0.012 | 0.029 - | 0.004 |
| 북구 | | 0.057 - | 0.006 | 0.000 | 0.008 - | 0.001 |
| 울주군 | | 0.057 - | 0.003 | 0.016 | 0.023 - | 0.001 |
| 평균값 | 0.067 - | 0.054 - | 0.005 | - 0.012 | 0.022 - | 0.001 |

대한 지지도가 오차범위(0~3%)를 크게 벗어날 수는 없다. 사전투표 득표수에 대한 인위적인 증감 행위가 없다면 일어날 수 없는 일이다. 울산의 5개 선거구는 하나같이 이재명은 아주 큰 플러스 값을 취하고 있고 윤석열은 마이너스 값을 취하고 있다. 이런 말도 되지 않는 선거 데이터는 누군가 전산 프로그램을 이용해서 사전투표 득표수를 이동시키지 않고선 일어날 수가 없는 일이다.

오른쪽의 추정치는 사전투표로 인한 득표수 증감 행위를 완전히 정상화시킨 상태에서 나오는 선거 데이터에 바탕을 두고 있다. 이재명의 차이값 평균치 -1.2%, 윤석열 +2.2%이다. 사전투표 득표수를 조작하지 않은 상태에서 투표자들의 특성은 이렇게 오차범위 내의 작은 차이값이 나와야 한다.

선관위 발표 후보별 득표수는 조작값을 활용해서 만들어진 숫자들이다. 그 때문에 조작값을 활용해서 얼마든지 오른쪽 그래프의 기초가 되는 후보별 진짜 득표수를 찾아낼 수 있다. 또한 후보별 진짜 득표수로부터 선관위가 발표한 후보별 가짜 득표수를 얼마든지 복원할 수 있다.

선거 데이터를 만들어냈기 때문에 만들어내기 이전 상태를 찾아
낼 수 있고, 동시에 조작되지 않은 상태에서 조작한 상태를 쉽게 복
원할 수 있다. 이 모든 작업은 어떤 규칙을 사용해서 선거 데이터를
생산해냈기 때문에 가능하다.

# 2
# 인천광역시

"6만 8,450표 차이로 이재명이 윤석열을 꺾었다(선관위 발표)! 인천에서 이재명이 이겼다고! 귀신 씨나락 까먹는 소리처럼 들린다. 오히려 4만 2,491표 차이로 윤석열이 이재명을 눌렀다(추정치, 사전투표 제거한 이후 득표수 기준)! 인천에서만 11만 941표가 사전투표 조작을 위해 전산적으로 이동된 득표수로 추정된다."

### 10%, 15% 사전투표 조작

선관위가 공식적으로 발표한 인천 선거 데이터에서는 무엇을 찾아냈는가? 인천에 속하는 10개 선거구는 조작값 10%(3개),

15%(7개)로 구성된다. 조작값 10% 3개 지역은 옹진군, 강화군, 미추홀구다. 조작값 15% 7개 지역은 동구, 중구, 계양구, 연수구, 부평구, 남동구, 서구다.

선거 결과를 만진 사람들 입장에선 2022 대선이 무척 작업하기에는 편리한 선거였던 것 같다. 인천에서 관찰할 수 있듯이 선거구마다 10%, 15%, 20%처럼 비교적 단순한 조작값을 입력하는 것으로 충분했기 때문이다. 사전투표 조작이 처음 드러난 2017 대선에서는 같은 지역에서도 조작값이 무척 다양하였다.

2022과 2017 대선 자료를 서로 비교하다 보면 선거조작범들이 다양한 조작값을 입력하면서 괜찮은 수치를 찾아내는 실험을 하고 있다는 생각을 할 수 있다. 전산조작의 실무는 극소수의 인력들

**〈3-4〉 2022 대선(인천), 사전투표 조작값과 조작규모**

| 선거구 | 조작값<br>(사전투표 득표수 기준) | 사전투표 조작규모<br>(인위적으로 이동시킨 득표수) |
|---|---|---|
| 10%(3개 지역) | | |
| 옹진군 | 10% | 1,090표 |
| 강화군 | 10% | 3,170표 |
| 미추홀구 | 10% | 11,340표 |
| 15%(7개 지역) | | |
| 동구 | 15% | 3,008표 |
| 중구 | 15% | 5,988표 |
| 계양구 | 15% | 11,212표 |
| 연수구 | 15% | 17,186표 |
| 부평구 | 15% | 19,228표 |
| 남동구 | 15% | 20,366표 |
| 서구 | 15% | 21,780표 |

이 담당하였을 것이다. 2017~2022년이 5년 정도의 기간이기 때문에 동일한 인물이나 그룹이 작업을 담당했을 가능성이 높다. 그 때문에 그들의 선거조작 기술이 시간이 가면서 상당히 안정화되고 있다는 판단을 할 수 있다. 2022 대선 자료에서 사전투표 조작 기술이 상당히 자리를 잡았다는 생각이 든다.

## 옹진군에서 일어난 일

옹진군의 후보별 사전투표 득표수와 총득표수에서는 정확한 규칙, 즉 수학적 관계식이 발견되었다. 조작값 10%의 의미는 윤석열과 심상정이 얻은 사전투표 득표수 가운데 10%씩을 빼내서 이재명에게 더해주는 전산조작이 있었다는 것이다.

윤석열은 자신이 얻은 5,259표 가운데 10%인 526표를 빼앗겼다. 심상정 역시 사전투표 득표수 195표의 10%인 20표를 빼앗겼다. 윤석열과 심상정이 빼앗긴 표를 합친 545표가 고스란히 이재명에게 더해지게 된다.

이 같은 사전투표 조작의 결과로 정상투표였다면 이재명의 사전투표 득표율(사전투표득표수)은 31%(2,889표)로 예상된다. 하지만 실제로 선관위가 발표한 이재명의 사전투표 득표율(득표수)은 37%(3,434표)이다. 윤석열의 경우는 정반대 현상이 일어난다. 정상투표였다면 윤석열의 사전투표 결과는 62%(5,785표)로 예상되지만, 실제로 선관위 발표는 57%(5,259표)로 쪼그라들고 만다.

20대 대통령 인천 웅진군 사전투표 조작

| | 더불어민주당 | 국민의 힘 | 정의당 | 기본소득당 | 국가혁명당 | 노동당 | 새누리당 | 신자유민주연합 | 우리공화당 |
|---|---|---|---|---|---|---|---|---|---|
| | 이재명 | 윤석열 | 심상정 | 오준호 | 허경영 | 이백윤 | 옥은호 | 김경재 | 조원진 |
| 1.발표득표수 | 3,434 | 5,259 | 195 | 14 | 183 | 9 | 2 | 2 | 7 |
| 득표율기준 | 0.37 | 0.57 | 0.02 | 0.00 | 0.02 | 0.00 | 0.00 | 0.00 | 0.00 |
| | 5.89% | 5.68% | 0.21% | 0.00% | 0.00% | 0.00% | 0.00% | 0.00% | 0.00% |
| 2.사전투표 조작수 | 545 | 526 | 20 | - | - | - | - | - | - |
| 사전투표선거인수 | | 10.0% | 10.0% | 0.0% | 0.0% | 0.0% | 0.0% | 0.0% | 0.0% |
| 3.예상 득표수 | 2,889 | 5,785 | 215 | 14 | 183 | 9 | 2 | 2 | 7 |
| 득표율 기준 | 0.31 | 0.62 | 0.02 | 0.00 | 0.02 | 0.00 | 0.00 | 0.00 | 0.00 |

## 조작 이후와 이전

　사전투표 조작의 실체를 이해하는 일은 고등 수학을 필요로 하지 않는다. 그냥 양심만 갖고 있다면 누구든지 쉽게 사전투표 조작을 단번에 알 수 있다. 가공을 하지 않은 선관위 발표 후보별 득표수만 정직하게 볼 수 있다면 가능한 일이다.

　〈3-6〉에서 '수정 전'(1, 2, 3)을 정직하게 보는 것만으로도 인천 웅진군에서 조직적이고, 체계적으로 전산 프로그램 가동에 의해 사전투표 득표수가 제조되었음을 알 수 있다. '1. 수정 전 사전투표 득표수', '2. 수정 전 당일투표수', '수정 전 득표율 차이'는 선관위 발표 자료에 바탕을 두고 있다.

　득표율 기준으로 살펴보자. 이재명의 선거 결과는 당일투표 득표율 32%, 사전투표 득표율 37%, 차이값(사전-당일) 5%이다. 5%는 오차범위(0~3%)를 크게 벗어난 값이다. 웅진군 투표자들이 4박5일 사이를 두고 벌어지는 사전투표와 당일투표에서 이처럼 이재명 지

**〈3-6〉 2022 대선(인천 옹진군), 사전투표 조작 이후 vs 이전**

수정전.후 사전투표와 당일투표 차이

| | 더불어민주당 | 국민의 힘 | 정의당 | 기본소득당 | 국가혁명당 | 노동당 | 새누리당 | 신자유민주연합 | 우리공화당 |
|---|---|---|---|---|---|---|---|---|---|
| | 이재명 | 윤석열 | 심상정 | 오준호 | 허경영 | 이백윤 | 옥은호 | 김경재 | 조원진 |
| 1.수정전 사전투표수 | 3,434 | 5,259 | 195 | 14 | 183 | 9 | 2 | 2 | 7 |
| 득표율 기준 | 0.37 | 0.57 | 0.02 | 0.00 | 0.02 | 0.00 | 0.00 | 0.00 | 0.00 |
| 2.수정전 당일투표수 | 1,783 | 3,538 | 109 | 2 | 68 | 4 | 2 | 3 | 4 |
| 득표율 기준 | 0.32 | 0.63 | 0.02 | 0.00 | 0.01 | 0.00 | 0.00 | 0.00 | 0.00 |
| 3.수정전 득표율 차이 | 0.05 | - 0.06 | 0.00 | 0.00 | 0.01 | 0.00 | - 0.00 | - 0.00 | 0.00 |
| 합계 | 5,217 | 8,797 | 304 | 16 | 251 | 13 | 4 | 5 | 11 |
| 4.수정후 사전투표수 | 2,889 | 5,785 | 215 | 14 | 183 | 9 | 2 | 2 | 7 |
| 득표율 기준 | 0.31 | 0.62 | 0.02 | 0.00 | 0.02 | 0.00 | 0.00 | 0.00 | 0.00 |
| 5.수정후 당일투표수 | 1,783 | 3,538 | 109 | 2 | 68 | 4 | 2 | 3 | 4 |
| 득표율 기준 | 0.32 | 0.63 | 0.02 | 0.00 | 0.01 | 0.00 | 0.00 | 0.00 | 0.00 |
| 6.수정후 득표율 차이 | - 0.004 | 0.002 | 0.004 | 0.001 | 0.008 | 0.000 | 0.000 | 0.000 | 0.000 |
| 합계 | 4,672 | 9,323 | 324 | 16 | 251 | 13 | 4 | 5 | 11 |

수정후 득표율 차이는 " 0 "에 아주 가까우며 " 3 "를 넘

| 수정전 | 3,580 | 수정후 | 4,651 | - | 4,348 | - | 4,656 | - | 4,421 | - | 4,659 | - | 4,668 | - | 4,667 | - | 4,661 |
|---|---|---|---|---|---|---|---|---|---|---|---|---|---|---|---|---|---|
| | | | 승 | | 패 | | 패 | | 패 | | 패 | | 패 | | 패 | | 패 |

지도가 크게 변할 수는 없다. 이재명이 당일투표에서 32%를 받았다면 당연히 사전투표에서도 오차범위 내의 비슷한 지지도가 나와야 한다. 통계학의 근본 법칙을 깨뜨린 이 같은 결과가 옹진군만이 아니고 전국에서 모두 일어난 것은 전산조작 이외에는 달리 다른 방법이 없다고 본다.

'수정 후'(4, 5, 6)는 발견한 조작값을 활용해서 조작되지 않은 상태의 선거 결과를 복원한 것이다. 여러분은 수정 전 사전투표 득표수(1번)와 수정 후 사전투표 득표수(4번)에 주목할 필요가 있다. 이재명의 사전투표 득표수 증가(2,889→3,434)와 윤석열의 사전투표 감소(5,785→5,259)를 분명히 확인할 수 있다. 전산조작의 대상이 아닌 당일투표 득표율 수정 전(2번)과 수정 후(5번)가 후보별로 동일함을 알 수 있다. 이재명 1,783표, 윤석열 3,538표이다.

한편 〈3-7〉은 후보별 득표수가 조작된 상태와 조작되지 않은 상

태를 비교한 차이값 그래프다. 왼쪽은 선관위 발표 후보별 득표수를 바탕으로 작성된 것이다. 선관위 발표 후보별 득표수에는 정확한 수학적 관계식이 확인되었고, 이를 확인하는 과정에서 옹진군의 조작값 10%를 찾아내는 데 성공한다. 조작값을 활용해서 사전투표 조작이 일어나지 않은 오른쪽 상태를 복원할 수 있다.

사전투표 조작이 포함된 선거 데이터와 사전투표 조작이 제거된 선거 데이터 각각 얻어진 차이값 그래프는 크게 다르다. 이처럼 숫자에 인위적인 방법을 동원해서 손을 대게 되면 어떤 모습으로든지 그 흔적이 뚜렷이 남게 된다. 사회가 자정 능력을 상실해서 선거사

**〈3-7〉 2022 대선(인천 옹진군), 조작된 상태 vs 조작되지 않은 상태**

| 읍면동명 | 투표구명 | 선관위 발표 | | | 선관위 발표 | | |
|---|---|---|---|---|---|---|---|
| | | 이재명 | 윤석열 | 심상정 | 이재명 | 윤석열 | 심상정 |
| 합계 | | | | | | | |
| 거소·선상투표 | | 0.03 | 0.20 | 0.01 | 0.01 | 0.15 | 0.01 |
| 관외사전투표 | | 0.06 | 0.06 | 0.00 | 0.00 | 0.00 | 0.00 |
| 재외투표 | | 0.28 | 0.28 | 0.01 | 0.25 | 0.25 | 0.01 |
| 북도면 | 소계 | | | | | | |
| | 관내사전투표 | | | | | | |
| | 선거일 투표 | | | | | | |
| 연평면 | 소계 | 0.00 | 0.06 | 0.01 | 0.08 | 0.13 | 0.01 |
| | 관내사전투표 | | | | | | |
| | 선거일 투표 | | | | | | |
| 백령면 | 소계 | 0.03 | 0.02 | 0.01 | 0.09 | 0.08 | 0.01 |
| | 관내사전투표 | | | | | | |
| | 선거일 투표 | | | | | | |
| 대청면 | 소계 | 0.07 | 0.12 | 0.01 | 0.01 | 0.06 | 0.01 |
| | 관내사전투표 | | | | | | |
| | 선거일 투표 | | | | | | |
| 덕적면 | 소계 | 0.00 | 0.01 | | 0.06 | 0.06 | 0.01 |
| | 관내사전투표 | | | | | | |
| | 선거일 투표 | | | | | | |
| 자월면 | 소계 | 0.06 | 0.06 | 0.00 | 0.00 | 0.00 | 0.00 |
| | 관내사전투표 | | | | | | |
| | 선거일 투표 | | | | | | |
| 영흥면 | 소계 | 0.07 | 0.06 | 0.01 | 0.00 | 0.00 | 0.01 |
| | 관내사전투표 | | | | | | |
| | 선거일 투표 | | | | | | |

기범들이 활개치는 세상이 될 수도 있다. 그럼에도 불구하고 그들이 한 짓은 선거 데이터에 고스란히 범죄 증거물로 왼쪽처럼 남게 된다.

## 조작값을 찾아내는 과정

여전히 조작값을 어떻게 찾아냈을까라는 궁금함을 갖고 있는 분들이 있을 것이다. 이것은 선관위 발표 후보별 득표수가 스스로 드러낸 숫자라고 이해해야 한다. 선관위 발표 웅진군 후보별 득표수를 갖고 구한 차이값(사전-당일)은 양 후보의 경우 매우 크다. 차이값은 이재명 +5.392%, 윤석열 −5.392%이다. 이것은 정상투표에서는 나올 수 없는 차이값이다. 윤석열에게서 표를 빼앗아 이재명에게로 넘겨주지 않고선 이처럼 큰 차이값(사전-당일)이 나올 수 없는 일이다.

선거 데이터 분석의 하이라이트는 "선관위 발표 후보별 득표수는 정상적인 선거에서 나올 수 없는 선거 결과다"라는 일어난 사실에 주목하는 것이다. 여기서부터 선관위 선거 데이터가 갖고 있는 특성을 분석하는 일이 진행된다. 통계학 대수의 법칙이 명령하는 법칙, 즉 "후보별 사전과 당일투표 득표율은 같거나 비슷해야 한다"는 상태가 사전투표 조작이 없는 정상투표로 간주한다.

차이값을 줄여나가는 시뮬레이션이 순차적으로 적용된다. 조작이 없는 상태의 조작값(0%)으로부터 점점 조작값 조합을 높여간다. 조작값 크기를 높여가면 갈수록 점점 차이값이 줄어든다. 웅진군의 경우는 윤석열과 심상정의 조작값 조합(10%, 10%)에 이르렀을 때 오차범위 내의 가장 작은 차이값 크기에 도달하게 된다. 선관위 발표 차이값(+5.392%, -5.392%)에서부터 시작해서 조작값 10%를 찾아낸 상태에서 차이값(-0.583%, +0.583%)이 현저하게 차이가 있다.

여기서 다시 한번 강조하고 싶은 것은 조작값은 숫자를 가공해서 구한 숫자가 아니라는 사실이다. 선관위 발표 후보별 득표수 자체가 스스로 드러낸 특성이라고 볼 수 있다. 조작값을 이용해서 선거 데이터를 만들어내지 않았다면 조작값을 발견할 수 없는 일이다. 선관위의 후보별 득표수가 모두 '만들어진 숫자'임이 선관위가 스스로 발표한 선거 데이터를 통해 입증된 셈이다.

〈3-8〉은 인천 전역을 분석한 차이값 그래프다. 왼쪽은 선관위 발표 후보별 득표수에 바탕을 둔 차이값 분포다. 오른쪽은 발견한 조작값을 활용해서 후보별로 사전투표 증감을 수정한 득표수에 바탕을 둔 차이값 분포다. 많은 교육을 받지 않은 사람들이라도 자연스럽게 '이게 왜 이 모양이야!'라는 강한 의심을 가질 수밖에 없다.

**〈3-8〉 2022 대선(인천), 조작된 상태 vs 조작되지 않은 상태**

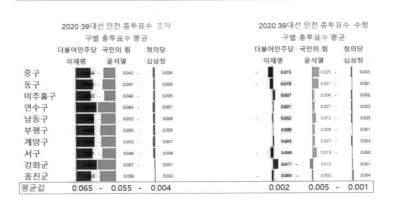

대학 교육을 받은 사람들이 국민의 다수를 차지하는 곳이 한국이다. 서울대 법대를 나온 사람들이 이걸 보고 정상이라고 생각하지는 않을 것이다. 그래도 침묵하는 사회가 대한민국이다. 불법과 불의를 방조하고 묵인하는 이 사회를 진정으로 걱정하지 않을 수 없다.

# 3

# 충청북도

"4,594표로 근소하게 윤석열이 이재명을 이겼다! 천만의 말씀!
재야 전문가의 추정치에 따르면 충북에서 윤석열은 6만 9,773표 차
이로 승리하였다. 차이에 해당하는 6만 5,179표가 투표수 증감 행위
에 동원된 득표수로 추정된다."

## 10%, 15% 사전투표 조작

충북은 모두 14개의 선거구로 구성되어 있다. 선관위 발표 후보
별 득표수를 분석하면 10% 조작값과 15% 조작값을 발견할 수 있
다. 두 가지 조작값을 사용해서 선거 데이터를 제조해냈음을 확인

한 셈이다.

사전투표 조작을 위해 동원된 득표수 규모가 작은 선거구부터 정리하면 〈3-9〉와 같은 도표를 얻을 수 있다.

조작값 10%, 7개 지역은 다음과 같다. 보은군, 증평군, 괴산군, 옥천군, 영동군, 청주 청원구, 청주 상당구이다. 조작값 15%, 7개 지역은 단양군, 진천군, 음성군, 제천시, 청주 서원구, 청주 흥덕구, 충주시다.

〈3-9〉 2022 대선(충북), 사전투표 조작값과 조작규모

| 선거구 | 조작값<br>(사전투표 득표수 기준) | 사전투표 조작규모<br>(인위적으로 이동시킨 득표수) |
|---|---|---|
| 10%(7개 지역) | | |
| 보은군 | 10% | 1,612표 |
| 증평군 | 10% | 1,788표 |
| 괴산군 | 10% | 1,948표 |
| 옥천군 | 10% | 2,090표 |
| 영동군 | 10% | 2,188표 |
| 청주 청원구 | 10% | 4,614표 |
| 청주 상당구 | 10% | 5,534표 |
| 15%(7개 지역) | | |
| 단양군 | 15% | 1,936표 |
| 진천군 | 15% | 3,716표 |
| 음성군 | 15% | 4,684표 |
| 제천시 | 15% | 7,102표 |
| 청주 서원구 | 15% | 8,514표 |
| 청주 흥덕구 | 15% | 10,190표 |
| 충주시 | 15% | 10,874표 |

예를 들어 충주시를 살펴보자. 조작값 15%에 모두 1만 874표를 이동시켰다. 이들 가운데 절반인 5,437표는 윤석열과 심상정에게서 빼앗고, 같은 득표수만큼을 이재명에게 더해주는 방법을 사용하였다. 더 구체적으로 이야기하면 윤석열은 5,437표 가운데 95.7%에 해당하는 5,204표를 빼앗겼다.

윤석열이 빼앗긴 득표수는 그가 받은 총득표수에서 7.41%, 사전투표 득표수의 15%를 차지한다. 충주시의 총투표자수가 13만 5,848명이고 사전투표 투표자수는 7만 204명이다. 51.67%의 투표자가 사전투표에 참가한 셈이다. 선거일을 법정 공휴일로 정해둔 나라에서 절반 넘는 사람들이 이토록 문제가 많은 사전투표에 달려가는 것은 도무지 이해할 수 없다. 이처럼 선거가 무너지는 데는 투표자들의 무관심도 한몫을 단단히 하고 있음을 지적하지 않을 수 없다.


## 사전투표에 목매는 이유

사전투표의 의미를 다시 한번 새길 필요가 있다. 선관위 발표 후 보별 득표수에 내재하는 규칙을 가장 잘 담아내는 것은 각 후보가 얻은 사전투표 득표수이다. 그래서 조작값 10%도 윤석열과 심상정의 사전투표 득표수의 10%를 말한다. 그런데 사전투표 득표수와 사전투표 투표자수는 서로 정비례 관계에 있다. 사전투표 참가자수가 늘어나면 늘어날수록 사전투표 조작은 쉬워진다.

사전투표를 그토록 열심히 선전하고 홍보하는 이유는 명쾌하게 설명된다. 사전투표 참가자수가 늘어나면 늘어날수록 전산조작에 의한 사전투표 득표수 증감은 쉬워지지만, 사전투표 참가자수가 줄어들면 줄어들수록 작업이 어려워지고 만다. 그래서 그토록 사전투표의 위험을 강조하는 인물들을 박해하고, 고발하는 일이 일어나게된다. 세금으로 먹고사는 인간들이 하는 짓이 이렇다. 2022년 3월 1일, 《중앙일보》는 "사전투표 조작 황교안 민경욱 공병호…선관위, 무더기 고발"이라는 기사를 실었다. 3·9 대선을 일주일 정도 남긴 시점의 일이다.

> 중앙선거관리위원회(위원장 노정희)가 1일 사전투표 조작 의혹을 제기해온 황교안 전 미래통합당 대표와 민경욱 전 자유한국당 의원을 추가로 검찰에 고발했다. 서울시선거관리위원회는 2월 28일 공병호 공병호연구소 소장을 같은 혐의로 서울남부지검에 고발한 바 있다. 선관위가 오는 4~5일 실시하는 이번 대선 사전투표를 앞두고 사전투표 반대 운동을 벌이는 주요 인사들에 대한 법적 대응에 나선 것으로 풀이된다.

이 사건에 대해 경찰은 이미 8월 25일 무혐의 처리한 바가 있다. 이에 대해 선관위는 검찰에 이의 제기를 했지만 다시 검찰이 무혐의로 끝을 냈다. 9월 7일자 《파이낸스투데이》는 이렇게 보도했다.

"2022년 9월 3일 법조계에 따르면 서울남부지검 형사6부(이준동 부장검사)는 중앙선관위가 경찰의 불송치 결정에 이의 제기한 고발 사건을 검토한 끝에 혐의 없음 처분한 것으로 알려졌다."

경찰이 무혐의 결정한 것을, 선관위가 이의 제기해서 다시 검찰이 혐의 없음 처분을 내리게 된다. 그래도 선관위는 포기하지 않고 다시 고등법원으로 사건을 끌고 간 상태에 있다. 기어코 사전투표에 문제없다는 법원 판단을 받고 싶은 모양이다. 우리말에 하는 짓이 염치가 없고 뻔뻔할 때 "양심에 털이 났다"는 말을 사용한다. 인간이면 이렇게 할 수는 없다. 이렇게 해서도 안 된다.

## 선거가 공산품이 되어버린 시대

지금 대한민국 사람들은 선거가 공산품인 시대를 살고 있다. 선거를 마치 공장에서 상품을 만들어내듯이, 마음대로 후보별 사전투표 득표수를 찍어내는 시대가 되었기 때문이다. 일명 '사전투표 제

**〈3-10〉 2022 대선(충북), 조작된 상태 vs 조작되지 않은 상태**

| | 2020 39대선 충청북도 총투표수 조작<br>구.시.군별 총투표수 평균 | | | 2020 39대선 충청북도 총투표수 수정<br>구.시.군별 총투표수 평균 | | |
| | 더불어민주당<br>이재명 | 국민의 힘<br>윤석열 | 정의당<br>심상정 | 더불어민주당<br>이재명 | 국민의 힘<br>윤석열 | 정의당<br>심상정 |
|---|---|---|---|---|---|---|
| 청주 상당구 | 0.05 | 0.04 | 0.00 | 0.00 | 0.00 | 0.00 |
| 청주 서원구 | 0.06 | 0.05 | 0.00 | 0.01 | 0.02 | 0.00 |
| 청주 흥덕구 | 0.05 | 0.04 | 0.01 | 0.02 | 0.03 | 0.00 |
| 청주 청원구 | 0.03 | 0.02 | 0.00 | 0.02 | 0.02 | 0.00 |
| 충북 충주시 | 0.06 | 0.05 | 0.00 | 0.02 | 0.02 | 0.00 |
| 충북 제천시 | 0.07 | 0.06 | 0.00 | 0.01 | 0.02 | 0.00 |
| 충북 단양군 | 0.09 | 0.08 | 0.00 | 0.00 | 0.01 | 0.01 |
| 충북 영동군 | 0.06 | 0.05 | 0.00 | 0.00 | 0.01 | 0.00 |
| 충북 보은군 | 0.06 | 0.05 | 0.00 | 0.00 | 0.01 | 0.00 |
| 충북 옥천군 | 0.04 | 0.03 | 0.00 | 0.01 | 0.02 | 0.00 |
| 충북 음성군 | 0.07 | 0.06 | 0.00 | 0.01 | 0.01 | 0.00 |
| 충북 진천군 | 0.06 | 0.05 | 0.00 | 0.01 | 0.02 | 0.00 |
| 충북 괴산군 | 0.05 | 0.06 | 0.00 | 0.01 | 0.00 | 0.00 |
| 충북 증평군 | 0.07 | 0.06 | 0.00 | 0.00 | 0.01 | 0.00 |
| 평균값 | 0.06 | 0.05 | 0.00 | 0.01 | 0.01 | 0.00 |

조공장'(연산 프로그램)에 조작값을 입력하면 척척 컨베이어 시스템에 물건 나오듯이 돌아가는 세상이 되었다.

충북의 차이값 평균치는 이재명 +6.0%, 윤석열 -5.0%이다. 이렇게 사전투표와 당일투표 득표율이 차이가 날 수 있는가! 사전투표 득표수를 빼고 더하기를 하지 않고선 가능한 일이 아니다. 마치 군인들 열병식 거행하듯이 충북 14개 선거구는 좌우대칭 구조를 갖고 있다. 당연한 일이 아닌가! 윤석열의 사전투표 득표수를 일정 부분 빼앗아서 이재명에게 쑤셔 넣어주었으니 이런 그래프가 나올 수밖에 없다.

좌측은 그냥 작품이다! 좌측은 그냥 공산품이다! 좌측은 그냥 사기다! 좌측은 선관위가 발표한 후보별 득표수다. 누가 이런 선거 데이터를 만들어냈는지 알아야 하지 않는가!

오른쪽은 찾아낸 조작값을 이용해서 이재명이 공짜로 먹어치운 사전투표 득표수를 모두 다 토해내게 하고, 윤석열이 빼앗긴 득표수를 모두 찾아준 상태다.

조작을 하면 왼쪽이 나오고, 조작을 하지 않으면 오른쪽처럼 나온다. 이걸 서울대 나온 대통령, 법무장관, 검찰총장이 모를 리가 있을까? 그 머리 좋은 사람들이 말이다. 모두 다 허위고, 위선이고, 거짓이고, 불법이고, 부정이다. 자식들 생각해서라도 이렇게 가선 안 된다. 부모가 되어서 부정선거공화국을 물려주면 어떻게 하는가 말이다.

# 4

# 경상남도

"선관위는 경남에서 윤석열이 이재명을 16만 216표 차이로 눌렀다고 발표했다. 선관위 발표 후보별 득표수에는 사전투표 증감 행위가 포함되어 있기 때문에 이를 제거한 이후의 추정치는 29만 5,866표이다. 추정치와 선관위 발표치의 차이는 13만 5,650표이다. 사전투표 조작 규모로 추정된다. 전산적으로 이동시킨 득표수이다."

## 5%, 10%, 15% 사전투표 조작

22개 선거구로 구성된 경남은 조작값이 5%, 10%, 15%로 구성된다. 조작값 5% 지역(2곳)은 합천군, 거창군이다. 조작값 10% 지역

### 〈3-11〉 2022 대선(경남), 사전투표 조작값과 조작규모

| 선거구 | 조작값<br>(사전투표 득표수 기준) | 사전투표 조작규모<br>(인위적으로 이동시킨 득표수) |
|---|---|---|
| 5%(2개 지역) | | |
| 합천군 | 5% | 1,340표 |
| 거창군 | 5% | 1,510표 |
| 10%(12개 지역) | | |
| 의령군 | 10% | 1,458표 |
| 함안군 | 10% | 2,056표 |
| 남해군 | 10% | 2,148표 |
| 고성군 | 10% | 2,348표 |
| 하동군 | 10% | 2,576표 |
| 함안군 | 10% | 2,610표 |
| 창녕군 | 10% | 3,080표 |
| 밀양시 | 10% | 4,598표 |
| 사천시 | 10% | 4,760표 |
| 창원 진해구 | 10% | 6,452표 |
| 창원 마산회원구 | 10% | 6,794표 |
| 창원 마산합포구 | 10% | 7,514표 |
| 15%(8개 지역) | | |
| 산청군 | 15% | 2,896표 |
| 진주시 | 15% | 6,452표 |
| 통영시 | 15% | 6,990표 |
| 거제시 | 15% | 10,858표 |
| 창원 의창구 | 15% | 10,452표 |
| 창원 성산구 | 15% | 11,836표 |
| 양산시 | 15% | 13,930표 |
| 김해시 | 15% | 20,996표 |

(12곳)은 의령군, 함안군, 남해군, 고성군, 하동군, 함안군, 창녕군, 밀양시, 사천시, 창원 진해구, 창원 마산회원구, 창원 마산합포구이다. 마지막으로 조작값 15% 지역(8곳)은 산청군, 진주시, 통영시, 거제시, 창원 의창구, 창원 성산구, 양산시, 김해시로 구성된다.

사전투표를 주물럭거린 핵심 관계자를 만나면 꼭 물어보고 싶은 질문이 있다. "아니 이왕 조작하는 건데, 합천군과 거창군도 5% 할 것이 아니라 그냥 15% 조작하지 왜 그렇게 하지 않았어요?" 선거에 임하는 사람들은 한 표가 아쉬울 판인데, 왜 어떤 곳은 5%, 어떤 곳은 10%, 어떤 곳은 15%라고 입력했을까? 그냥 15%를 전산 프로그램에 돌려버리면 일도 복잡하지 않을 텐데, 이 문제는 앞으로도 계속해서 추적해나갈 만한 가치가 있는 일이다.

## 엄청나게 높았던 사전투표 참가율

2022 대선에서 윤석열 승리의 한 부분은 그 동네 사람들의 방심일 것이다. 모든 사전투표 조작은 사전투표 투표자수가 늘어나면 늘어날수록 쉬워진다. 2022 대선의 사전투표율이 얼마나 높았는지 다음의 《한겨레》 3월 6일자 기사를 참조한다.

중앙선거관리위원회는 선거인 4,419만 7,692명 가운데 1,632만 3,602명이 사전투표에 참여해 36.93%의 투표율을 기록했다고 3월 5일 밤 밝혔다. 2014년 지방선거 때부터 사전투표가 전국 단위 선거에 처음 도입된 이후 가장 높은 수치다.

이전 최고 수치는 2020년 치러진 국회의원 총선거 때로 사전투표율이 26.69%였다. 2017년 19대 대선(26.06%)과 견줘도 10.87%포인트 높다. 이 때문에 최종 투표율이 1997년 15대 대선(80.7%)이후 처음으로 80%를 넘을지에도 관심이 쏠린다.

지역별로는 전남이 51.45%로 제일 높았고, 전북(48.63%)과 광주(48.27%)가 그 뒤를 이었다. 경기도가 33.65%로 가장 낮았고 대구(33.91%)와 인천(34.09%) 순으로 낮았다. 서울은 37.23%로 전국 평균보다 약간 높았다.

역대 최고치의 대선 사전투표 참가율! 이 같은 좋은 환경에서 사전투표 조작을 행하는 핵심 실무자는 조작값을 전반적으로 낮게 설정하였을 가능성이 높다고 본다. 선거 데이터를 분석하고 해석하면서, 글을 쓰는 사람 입장에서뿐만 아니라 선거조작을 담당했던 사람들의 입장에서 함께 생각해보게 된다. 예상 밖의 충격적인 사전투표 참가율은 그들의 간을 벙벙하게 만들어버렸을 가능성에 주목한다. 그렇지 않고서야 전국적으로 이처럼 낮은 조작률을 설정할 수는 없는 일이라고 본다.

예를 들어 부정선거가 없다고 주야장천 떠들고 다녔던 이준석의 4·15 총선(노원구병)의 조작값은 30%였다. 이준석이 받은 사전투표 득표수(1만 6,078표) 가운데 30%인 4,783표를 빼앗아서 민주당 김성환에게 더해주었다. 또 한 명의 부정선거 없다고 기를 쓰고 다니는 하태경의 부산 해운대구갑 사전투표에서도 마찬가지다. 조작값은 25%이다. 하태경이 받았던 사전투표 득표수(2만 5,667표) 가운데 25%(6,418표)를 빼앗아서 민주당 유영민에게 더해주었다.

그렇다면 2022 대선에서 이처럼 25%, 30% 조작값을 사용하지 못할 이유는 없다. 최소한 전산 프로그램 가동이라면 조작값을 크게 올릴 수 있었다. 그러나 그들은 그렇게 하지 않았다. 들통날 가능성에 대한 두려움? 방심? 부정선거를 저지를 수 있는 사람들은 이미 금도를 넘어선 사람들이다. 그들에겐 두려움이 큰 문제는 아니었을 것이다. 그들은 국민들이 알아도 저항을 하지 않을 것이라고 믿어 의심치 않고 있을 것이다. 그래서 나는 방심에 더 큰 비중을 둔다.

## 진주시에서 일어난 일

진주시 사례를 살펴본다. 총투표 투표자수 22만 8,238명, 사전투표 투표자수 11만 4,519명으로 진주시의 사전투표 참가 비중은 50.17%이다. 투표자수 가운데 절반이 사전투표에 참가하였기 때문에 사전투표를 만지는 사람들에게는 기대보다 조작 대상이 크게 늘

〈3-12〉 2022 대선(경남 진주시), 사전투표 조작 실태

20대 대통령 경남 진주시 사전투표 조작

| | 더불어민주당 이재명 | 국민의 힘 윤석열 | 정의당 심상정 | 기본소득당 오준호 | 국가혁명당 허경영 | 노동당 이백윤 | 새누리당 옥은호 | 신자유민주연합 김경재 | 우리공화당 조원진 |
|---|---|---|---|---|---|---|---|---|---|
| 1.발표득표수 | 41,311 | 67,789 | 2,760 | 59 | 1,065 | 43 | 18 | 13 | 53 |
| 득표율기준 | 0.36 | 0.59 | 0.02 | 0.00 | 0.01 | 0.00 | 0.00 | 0.00 | 0.00 |
| | 6.16% | 5.92% | 0.24% | 0.00% | 0.00% | 0.00% | 0.00% | 0.00% | 0.00% |
| 2.사전투표 조작수 | 7,055 | 6,779 | 276 | - | - | - | - | - | - |
| 사전투표선거인수 | | 10.0% | 10.0% | 0.0% | 0.0% | 0.0% | 0.0% | 0.0% | 0.0% |
| 3.예상 득표수 | 34,256 | 74,568 | 3,036 | 59 | 1,065 | 43 | 18 | 13 | 53 |
| 득표율 기준 | 0.30 | 0.65 | 0.03 | 0.00 | 0.01 | 0.00 | 0.00 | 0.00 | 0.00 |

어난 것이다. 여기서 방심하였을 가능성에 주목한다.

윤석열이 얻은 사전투표 득표수 6만 7,789표 가운데 10%(6,779표)가 이재명으로 옮겨졌다. 심상정도 10%를 빼앗겼다. 결과적으로 이재명은 7,055표를 더 갖게 되고, 동시에 윤석열과 심상정이 7,055표를 빼앗기게 된다. 이 같은 사전투표 증감 행위를 통해 이재명의 사전투표 득표율은 30%에서 36%로 껑충 뛰어오르고, 윤석열의 득표율은 65%에서 59%로 쪼그라들고 만다. 정상적인 투표가 이루어졌다면 이재명의 사전투표 득표율은 30%가 되었을 텐데, 선관위 발표 득표율은 36%로 크게 오르게 된다. 이처럼 사전투표 득표수를 더하고 빼는 일로 득표율을 마음껏 조정한 선거가 2022 대선이다.

〈3-13〉의 '수정 전 사전투표수' 1, 2, 3번은 선관위가 발표한 공식적인 후보별 득표수 자료이다. 다른 내용을 보지 않더라도 선관위 공식 자료에 따르면 이재명은 당일득표율 30%, 사전득표율 36%, 차이값 +6%이다. 사전투표 득표율과 당일투표 득표율이 무려 6%나 나는 선거는 세상에 일어나는 일이 가능하지 않다. 차이값(사전투표 득표율-당일투표 득표율)에서 앞부분인 사전투표 득표수를 이재

**〈3-13〉 2022 대선(경남 진주시), 조작된 상태 vs 조작되지 않은 상태**

수정전.후 사전투표와 당일투표 차이

| | 더불어민주당 | 국민의 힘 | 정의당 | 기본소득당 | 국가혁명당 | 노동당 | 새누리당 | 신자유민주연합 | 우리공화당 |
|---|---|---|---|---|---|---|---|---|---|
| | 이재명 | 윤석열 | 심상정 | 오준호 | 허경영 | 이백윤 | 옥은호 | 김경재 | 조원진 |
| 1.수정전 사전투표수 | 41,311 | 67,789 | 2,760 | 59 | 1,065 | 43 | 18 | 13 | 53 |
| 득표율 기준 | 0.36 | 0.59 | 0.02 | 0.00 | 0.01 | 0.00 | 0.00 | 0.00 | 0.00 |
| 2.수정전 당일투표수 | 33,662 | 73,636 | 2,818 | 46 | 1,508 | 33 | 22 | 20 | 131 |
| 득표율 기준 | 0.30 | 0.65 | 0.02 | 0.00 | 0.01 | 0.00 | 0.00 | 0.00 | 0.00 |
| 3.수정전 득표율 차이 | 0.06 | 0.06 | 0.00 | 0.00 | 0.00 | 0.00 | 0.00 | 0.00 | 0.00 |
| 합계 | 74,973 | 141,425 | 5,578 | 105 | 2,573 | 76 | 40 | 33 | 184 |
| 4.수정후 사전투표수 | 34,256 | 74,568 | 3,036 | 59 | 1,065 | 43 | 18 | 13 | 53 |
| 득표율 기준 | 0.30 | 0.65 | 0.03 | 0.00 | 0.01 | 0.00 | 0.00 | 0.00 | 0.00 |
| 5.수정후 당일투표수 | 33,662 | 73,636 | 2,818 | 46 | 1,508 | 33 | 22 | 20 | 131 |

명에게 듬뿍 추가해주었기 때문에 가능한 일이다.

윤석열의 경우는 반대되는 일이 일어난다. 당일투표에서 65%를 얻은 윤석열이 사전투표에서 59%를 얻는 일이 어떻게 일어날 수 있는가! 차이값(사전투표 득표율-당일투표 득표율)에서 앞의 사전투표 득표수를 왕창 빼앗아버렸기 때문에 차이값이 -6%가 나온다. 이런 일은 수작업으론 불가능하고, 전산조작을 사용할 때 가능한 일이다.

진주시의 경우 실제로 8만 286표 차이로 윤석열이 승리한 선거로 추정된다. 그런데 전산조작을 통해 6만 6,452표 차이로 끌어내렸다. 나는 조작범들 입장에서 이런 생각을 떠올린다.

'아니 진주시에서 윤석열이 무려 6만 7,789표를 받았는데, 고작 6,779표(10%)만 훔치면 어떻게 합니까? 이왕 도둑질하기로 한 건데 좀 더 화끈하게 훔쳤어야죠. 20%면 조작규모가 1만 3,557표로 늘어나고, 25%면 1만 6,947표로 늘어나지 않습니까? 전국적으로 조작값을 조금씩 더 올렸더라면 이재명 당선은 너무 확실한 일이었는데, 도대체 일을 어떻게 한 겁니까!

제가 그 일을 맡았다면, 저는 전국의 모든 선거구에서 최소 25% 이상 윤석열의 사전투표 득표수를 훔쳤을 겁니다. 그러면 당연히 이재명이 승리했을 겁니다. 이왕 하는 것 일 좀 제대로 합시다! 앞으로 있을 총선, 대선, 지방선거에서 손을 쓸 때 눈 딱 감고 대담하게 화끈하게 하세요. 어차피 남의 표를 도둑질하는 것 아닙니까! 한 번 살다 가는 인생, 뭐든 화끈하게 해야죠!'

전산조작범들은 자신이 하고 있는 전산 작업에 몰두했을 것이다. 마치 우리가 컴퓨터 게임이나 작업에 몰입하면 다른 전후 맥락이나 파급효과, 그리고 주변 사람들의 반응 등이 눈에 들어오지 않는 것과 같다. 이렇게 고스란히 중앙선관위가 발표한 후보별 득표수에 그들의 비리와 불법이 모두 다 담기게 되었다.

그래도 그들은 고개를 빳빳하게 쳐들고 이렇게 대들고 싶을 것이다.

"그래서 우리가 선거를 조작했다고 치자! 너희들이 어떻게 할 건데. 너희들 수사할 수 없잖아! 너희들이 우리를 감방에 보낼 수 있어? 없잖아! 지금 국힘당 하는 꼴을 봐라. 지금 대통령이란 사람이 부정선거의 '부'자라도 입에 올리나! 너희들은 아무 일도 할 수 없어! 그러니 우리는 계속할 거야! 너희들이 짖든 말든 간에 말이야."

말세는 정말 말세다! 죄지은 놈들이 고개를 쳐들고 더 큰소리를 외치는 시대를 살게 되었으니, 이 얼마나 딱한 일인가!

## 조작, 모두 흔적을 남긴다

사람마다 일상생활에서 자주 새기는 말이 있다. 나는 자주 "인생에서 건너뛰는 법은 없다"는 말을 떠올린다. 그만큼 녹녹지 않은 인생살이에서 자신이 무엇을 먹는가, 무엇을 말하는가, 어떻게 행동하고 선택하는가 등에서 하나도 그냥 사라지지 않는다는 것이다. 모든 것은 고스란히 짊어져야 할 책임으로 돌아온다는 이야기다. 언젠가가 문제일 뿐이다. 그것이 선한 일이든 악한 일이든, 현명한 일이든 바보 같은 일이든 간에 말이다.

인생을 관통하고 세상사를 관통하는 이 같은 금언은 선거조작

**〈3-14〉2022 대선(경남), 조작된 상태 vs 조작되지 않은 상태**

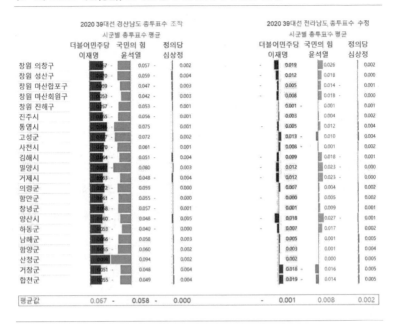

| | 2020 39대선 경산남도 총투표수 조작<br>시군별 총투표수 평균 | | | | 2020 39대선 전라남도 총투표수 수정<br>시군별 총투표수 평균 | | |
| | 더불어민주당<br>이재명 | 국민의 힘<br>윤석열 | 정의당<br>심상정 | | 더불어민주당<br>이재명 | 국민의 힘<br>윤석열 | 정의당<br>심상정 |
|---|---|---|---|---|---|---|---|
| 창원 의창구 | 0.067 - | 0.057 - | 0.002 | - | 0.019 | 0.026 - | 0.002 |
| 창원 성산구 | 0.070 | 0.059 - | 0.004 | - | 0.012 | 0.018 - | 0.000 |
| 창원 마산합포구 | 0.059 - | 0.047 - | 0.003 | - | 0.005 | 0.014 - | 0.001 |
| 창원 마산회원구 | 0.053 | 0.042 - | 0.003 | - | 0.008 | 0.018 - | 0.000 |
| 창원 진해구 | 0.057 | 0.053 - | 0.001 | - | 0.001 | 0.001 | 0.001 |
| 진주시 | 0.065 - | 0.056 - | 0.001 | - | 0.003 | 0.004 | 0.002 |
| 통영시 | 0.088 | 0.075 | 0.001 | - | 0.005 | 0.012 | 0.004 |
| 고성군 | 0.087 | 0.072 | 0.002 | - | 0.013 - | 0.010 | 0.004 |
| 사천시 | 0.070 | 0.061 - | 0.001 | - | 0.008 - | 0.001 | 0.002 |
| 김해시 | 0.064 - | 0.051 - | 0.004 | - | 0.009 | 0.018 - | 0.000 |
| 밀양시 | 0.069 | 0.080 | 0.003 | - | 0.012 | 0.023 - | 0.000 |
| 거제시 | 0.053 | 0.048 - | 0.004 | - | 0.012 | 0.023 - | 0.000 |
| 의령군 | 0.072 - | 0.059 | 0.000 | - | 0.007 | 0.004 | 0.002 |
| 함안군 | 0.061 - | 0.055 - | 0.000 | - | 0.000 | 0.005 | 0.002 |
| 창녕군 | 0.058 | 0.057 - | 0.001 | - | 0.001 | 0.009 | 0.001 |
| 양산시 | 0.060 | 0.048 - | 0.005 | - | 0.018 | 0.027 - | 0.001 |
| 하동군 | 0.053 | 0.040 - | 0.000 | - | 0.007 | 0.017 | 0.002 |
| 남해군 | 0.066 | 0.058 | 0.003 | - | 0.005 | 0.001 | 0.005 |
| 함양군 | 0.065 - | 0.060 | 0.002 | - | 0.003 | 0.001 | 0.004 |
| 산청군 | 0.094 | 0.094 | 0.002 | - | 0.002 | 0.000 | 0.005 |
| 거창군 | 0.051 - | 0.048 | 0.004 | - | 0.018 - | 0.016 | 0.005 |
| 합천군 | 0.055 - | 0.049 - | 0.004 | - | 0.019 - | 0.014 | 0.005 |
| 평균값 | 0.067 - | 0.058 - | 0.000 | - | 0.001 | 0.008 | 0.002 |

에서도 한 치의 예외가 될 수 없다. 그들은 조작했다. 그들은 앞뒤를 가리지 않고 조작했다. 그들은 선거가 끝나면 그것으로 끝이라고 생각했다. 그러나 그들이 행한 행적은 고스란히 그들이 발표하지 않을 수 없었던 중앙선관위 발표 후보별 득표수에 고스란히 남게 되었다.

그들이 아무 일도 없을 것으로 믿어 의심치 않았던 사전투표 조작은 왼쪽처럼 차이값(사전-당일)에 고스란히 남게 되었다(〈1-2〉 A′, B′, C′). 아름다운 한 편의 작품처럼 말이다. 인공적인 아름다움, 기계적인 아름다움이 너무나 선명한 모습을 취하고 있다. 여기에다 무진장 큰 차이값 평균치(+6.7%, -5.8%)로 남았다. 운 좋게도 그들은 사법적 단죄의 대상이 되지 않을 수도 있다. 이 땅에서 지금 보는 것과 같은 부정선거와 선거사기가 계속될 수도 있다. 그러나 나는 증언한다. 그들이 행한 범죄 행각을 말이다! 그리고 내가 믿고 의지하는 하나님의 공의와 정의가 그들을 반드시 징벌할 것으로 믿어 의심치 않는다. 그렇지 않고 불법과 불의가 승리했다면, 인류 역사나 한국 역사가 이렇게 지속될 수 없었을 것이다.

오른쪽 그래프를 보라. 그들이 선거 데이터에 남긴 조작값을 갖고 조작되지 않은 선거를 복원한 것이다. 복원된 후보별 득표수에 바탕을 두고 차이값 그래프를 그려본 것이다(⟨1-1⟩ A, B, C). 정상적으로 투표를 하면 이렇게 되는 것이 이치다.

왼쪽처럼 선거 데이터를 만들어낸 범죄자들은 누구인가? 선거사무를 담당한 자들 가운데 어느 선까지 인지하고 있는가? 그들을 찾아내고 처벌하는 것을 요구하는 것은 대한민국 국민으로서뿐만 아니라 자유와 보편적 가치를 사랑하고 존중하는 세계인으로서의 의무이자 권리다.

왼쪽(⟨1-2⟩ A′, B′ C′)에서 후보별 진짜 득표수가 복원될 수 있다. 오른쪽의 후보별 진짜 득표수(⟨1-1⟩ A, B, C)에서 왼쪽이 복원될 수 있다. 이건 선거가 아니다. 그냥 저네들끼리 컴퓨터 게임을 한 것일 뿐이다. 공식적인 선거 데이터를 얼마든지 복원 내지 재생할 수 있다는 것은 말이 되지 않는다.

# 5

# 부산광역시

"선관위는 부산에서 윤석열이 14만 866표 차이로 이재명을 사전투표에서 눌렀다고 발표했다. 그런데 발견된 조작값을 활용해서 사전투표 효과를 제거하고 나면 양 후보 간 격차는 27만 5,386표 차이로 벌어진다. 약 13만 4,000표 상당의 사전투표 조작이 있었을 것으로 추정됐다. 부산에서만 전산적으로 강제로 이동시킨 득표수가 그만큼이다."

## 16개 선거구 동일 조작값, 15%

부산의 사전투표를 만질 때는 참 쉬웠을 것이다. 조작값이 모두 일치하기 때문이다. 조작값 15%를 16개 선거구에 모두 적용해서 후보별 득표수를 만들어 발표하였다. 윤석열과 심상정에게서 각각 15%를 빼앗고, 이렇게 확보된 만큼의 득표수를 이재명에게 밀어주는 방식이 사용되었다.

그렇다면 선관위 발표 후보별 득표수에서 찾아낸 조작값 15%는 어느 정도 강한 조작일까? 오거돈 시장이 물러나면서 치러졌던 2021년 4·7 부산시장 보궐선거의 부산 조작값은 모든 선거구에 10% 조작값을 적용시켰다. 보궐선거에서는 패색이 짙었던 탓에 마일드한 사전투표 조작을 행하였음을 알 수 있다. 2020년 4·15 총선 당시 장제원 지역구인 사상구 역시 15% 조작값을 적용해서 사전투표 득표수를 이동시킨 바가 있다. 그러나 국민의힘 하태경이 출마했던 해운대구갑의 경우는 2020년 4·15 총선에서 25% 조작값을 적용해서 선거 데이터를 생산하였다.

부산에서도 조작값을 얼마든지 올릴 수 있었다. 왜 그들이 조작값을 부산, 대구 등과 같은 대도시에서 올리지 않았는지 정말 이해하기 힘들다. 부산, 대구 같은 곳은 윤석열 지지율이 높기 때문에 그야말로 조작하기엔 노다지였다. 사전투표 조작을 해서 이재명에게 표를 쑤셔 박을 수 있었을 텐데 이해할 수 없다.

예를 들어 2020년 4·15 총선의 경우 대전광역시 사례를 들어 보자. 대전 동구, 대전 중구(황운하 민주당 지역구), 서구갑(박병석 민주장 지역구)은 모두 조작값이 25%이다. 그런데 그 밖의 지역은 모

**〈3-15〉 2022 대선(부산), 사전투표 조작값과 조작규모**

| 선거구 | 조작값<br>(사전투표 득표수 기준) | 사전투표 조작규모<br>(인위적으로 이동시킨 득표수) |
|---|---|---|
| 중구 | 15% | 2,470표 |
| 동구 | 15% | 5,448표 |
| 강서구 | 15% | 5,708표 |
| 영도구 | 15% | 5,912표 |
| 서구 | 15% | 6,108표 |
| 기장군 | 15% | 6,780표 |
| 사상구 | 15% | 9,966표 |
| 수영구 | 15% | 10,134표 |
| 연제구 | 15% | 10,584표 |
| 금정구 | 15% | 13,220표 |
| 북구 | 15% | 13,234표 |
| 남구 | 15% | 13,714표 |
| 동래구 | 15% | 13,996표 |
| 사하구 | 15% | 14,170표 |
| 부산진구 | 15% | 18,064표 |
| 해운대구 | 15% | 21,164표 |

두 30%까지 조작값을 올렸다. 대전 서구을(박범계 민주당) 30%, 대전 유성구갑 30%, 대전 유성구을(이상민 민주당) 30%, 대전 대덕구 30%이다.

쉽게 이야기하면 반드시 이겨야 할 대선에서 부산의 조작값은 15%가 아니라 25%, 30% 그 이상까지 올리는 일은 이론적으로뿐만 아니라 현실적으로 가능한 이야기였다. 이렇게 마구 올릴 수 있기 때문에 조작의 전모를 아는 선거사기범들 가운데 톱 멤버들은 대선 패배를 예상하지 못하였을 것으로 본다. 선거조작범들은 이미 2017 대선부터 갈고닦은 실력이 있는 자들인데, 어떻게 그런 치명적 실수를 할 수 있었는지 이해할 수 없다. 그냥 조작값만 올려서 입력하면 되는데, 뭐가 어려운가?

## 해운대구에서 일어난 일

"부정선거 없다"는 격렬한 외침과 동시에 국민의힘 내부에 그런 논의가 전개되는 것을 적극적으로 진압하는 데 혁혁한 공헌을 세운 인물 가운데 하나가 하태경(부산 해운대구)이다. 마치 선관위 대변인처럼 행동해왔고, 지금도 마찬가지라고 본다. 그의 지역구인 해운대구에서 어떤 일이 일어났는지를 살펴보자. 해운대구에서 일어난 일은 정도의 차이가 있을지라도 총선, 지방선거에서 마찬가지로 일어난 일이다.

〈3-16〉은 부산 해운대구에서 윤석열과 심상정이 빼앗긴 표, 그

**〈3-16〉 2022 대선(부산 해운대구), 사전투표 조작 실태**

20대 대통령 부산 해운대구 사전투표 조작

| | 더불어민주당 | 국민의 힘 | 정의당 | 기본소득당 | 국가혁명당 | 노동당 | 새누리당 | 신자유민주연합 | 우리공화당 |
|---|---|---|---|---|---|---|---|---|---|
| | 이재명 | 윤석열 | 심상정 | 오준호 | 허경영 | 이백윤 | 옥은호 | 김경재 | 조원진 |
| 1.발표득표수 | 48,288 | 68,387 | 2,162 | 62 | 797 | 29 | 13 | 21 | 48 |
| 득표율기준 | 0.40 | 0.57 | 0.02 | 0.00 | 0.01 | 0.00 | 0.00 | 0.00 | 0.00 |
| | 8.75% | 8.49% | 0.27% | 0.00% | 0.00% | 0.00% | 0.00% | 0.00% | 0.00% |
| 2.사전투표 조작수 | 10,582 | 10,258 | 324 | - | - | - | - | - | - |
| 사전투표선거인수 | | 15.0% | 15.0% | 0.0% | 0.0% | 0.0% | 0.0% | 0.0% | 0.0% |
| | | | | | | | | | |
| 3.예상 득표수 | 37,706 | 78,645 | 2,486 | 62 | 797 | 29 | 13 | 21 | 48 |
| 득표율 기준 | 0.31 | 0.65 | 0.02 | 0.00 | 0.01 | 0.00 | 0.00 | 0.00 | 0.00 |

리고 이렇게 확보된 득표수가 이재명에게로 더해진 것을 일목요연하게 정리한 도표이다. 윤석열이 얻은 사전투표 득표수(6만 8,387표)에서 15%(1만 258표)만큼 빼앗아서 이재명에게 더해주었다. 4·15 총선의 대전광역시 경우처럼 조작값을 25%로 높이면 1만 7,096표를 확보할 수 있다. 조작값을 30%로 올리면 2만 516표까지 표를 훔칠 수 있었다. 조작값만 바꾸면 되는데, 왜 선거조작범들이 부산에 대해 일률적으로 조작값을 15%로 유지했는지 궁금하다.

해운대구의 사전투표에서 7만 표 가까이 받은 윤석열에게서 1만 표를 빼앗으나, 1만 5,000표를 빼앗으나, 2만 표를 빼앗으나 무슨 표시가 나겠는가! 그들은 얼마든지 대선에서 이길 수 있었음에도 불구하고 패배하였다고 본다. 바보천치 같은 짓을 한 것이라고밖에 해석할 수 없다.

〈3-17〉은 조작된 상태(1, 2, 3번)와 조작되지 않은 상태(4, 5, 6번)를 보여주고 있다. 선관위 발표 선거 데이터(1, 2, 3번)에 포함된 불법적

〈3-17〉 2022 대선(부산 해운대구), 조작된 상태 vs 조작되지 않은 상태

| | 더불어민주당 이재명 | 국민의 힘 윤석열 | 정의당 심상정 | 기본소득당 오준호 | 국가혁명당 허경영 | 노동당 이백윤 | 새누리당 옥은호 | 신자유민주연합 김경재 | 우리공화당 조원진 |
|---|---|---|---|---|---|---|---|---|---|
| | | | | | | | 수정전.후 사전투표와 당일투표 차이 | | |
| 1.수정전 사전투표수 | 48,288 | 68,387 | 2,162 | 62 | 797 | 29 | 13 | 21 | 48 |
| 득표율 기준 | 0.40 | 0.57 | 0.02 | 0.00 | 0.01 | 0.00 | 0.00 | 0.00 | 0.00 |
| 2.수정전 당일투표수 | 44,342 | 88,405 | 2,905 | 56 | 1,360 | 31 | 22 | 40 | 164 |
| 득표율 기준 | 0.32 | 0.64 | 0.02 | 0.00 | 0.01 | 0.00 | 0.00 | 0.00 | 0.00 |
| 3.수정전 득표율 차이 | 0.08 | - 0.07 | 0.00 | 0.00 | - 0.00 | 0.00 | - 0.00 | 0.00 | 0.00 |
| 합계 | 92,630 | 156,792 | 5,067 | 118 | 2,157 | 60 | 35 | 61 | 212 |
| 4.수정후 사전투표수 | 37,706 | 78,645 | 2,486 | 62 | 797 | 29 | 13 | 21 | 48 |
| 득표율 기준 | 0.31 | 0.65 | 0.02 | 0.00 | 0.01 | 0.00 | 0.00 | 0.00 | 0.00 |
| 5.수정후 당일투표수 | 44,342 | 88,405 | 2,905 | 56 | 1,360 | 31 | 22 | 40 | 164 |
| 득표율 기준 | 0.32 | 0.64 | 0.02 | 0.00 | 0.01 | 0.00 | 0.00 | 0.00 | 0.00 |
| 6.수정후 득표율 차이 | 0.008 | 0.013 | - 0.000 | 0.000 | - 0.003 | 0.000 | 0.000 | 0.000 | - 0.001 |
| 합계 | 82,048 | 167,050 | 5,391 | 118 | 2,157 | 60 | 35 | 61 | 212 |

수정후 득표율 차이는" 0 " 에 아주 가까우며 "3 "를 넘

| 수정전 | | 64,162 수정후 | 85,002 | - 76,656 | - 81,930 | - 79,891 | - 81,988 | - 82,013 | - 81,987 | - 81,836 |
|---|---|---|---|---|---|---|---|---|---|---|

인 사전투표 증감 행위를 수정한 상태(4, 5, 6번)를 상호 비교하면 사전투표 조작의 막강한 화력을 확인할 수 있다.

해운대구 사전투표에서 이재명이 4만 8,288표를 받았다고 발표했지만, 이 득표수에는 이재명이 윤석열에게 훔쳐서 공짜로 삼킨 표수가 고스란히 포함되어 있다. 재야 전문가가 조작값을 찾아내서 이것을 수정하고 나면 실제로 이재명이 해운대구에서 받은 득표수는 3만 7,706표에 지나지 않는다. 정확하게 1만 582표를 훔쳐서 더한 것을 확인할 수 있다.

1번(수정 전 사전투표 득표수)과 4번(수정 후 사전투표 득표수)을 비교하면 후보별 사전투표 증가와 감소를 확인할 수 있다. 결과적으로 가장 하단에 표시되어 있는 바와 같이 해운대구에서 윤석열은 이재명을 8만 5,002표 차이로 눌렀다. 그렇지만 선관위 발표 자료는 6만 4,162표로 윤석열의 승리를 축소 조정하고 있다.

## 숨길 수 없는 범행

한편 해운대구에서 사전투표 조작이 일어난 이후와 일어나기 이전을 상호 비교하는 데 차이값(사전-당일) 그래프가 도움이 된다. 관외사전투표(우편투표), 재외투표 그리고 동 단위의 관내사전투표가 집중적인 조작 대상이 되었다. 관내사전투표는 17개 동 가운데서 위에 있는 5개 동 단위의 자료만을 공개한다(〈3-8〉).

왼쪽의 뚱뚱한 차이값(그래프)이 선관위 발표 후보별 득표수에 바탕을 두고 있다. 차이값(사전-당일)의 크기를 보면 조작이 상당

| 읍면동명 | 투표구명 | 선관위 발표 | | | 수정후 발표 | | |
|---|---|---|---|---|---|---|---|
| 합계 | | | | | | | |
| 거소·선상투표 | | - 0.01 - | 0.12 - | 0.01 | 0.09 - | 0.05 - | 0.00 |
| 관외사전투표 | | 0.07 - | 0.07 | 0.00 | 0.02 | 0.02 | 0.00 |
| 재외투표 | | 0.15 - | 0.23 | 0.01 | 0.08 | 0.17 | 0.01 |
| 우제1동 | 소계 | | | | | | |
| | 관내사전투표 | | | | | | |
| | 선거일 투표 | | | | | | |
| 우제2동 | 소계 | 0.10 - | 0.09 - | 0.00 | 0.01 | 0.00 - | 0.00 |
| | 관내사전투표 | | | | | | |
| | 선거일 투표 | | | | | | |
| 중제1동 | 소계 | 0.11 - | 0.10 - | 0.00 | 0.01 - | 0.01 - | 0.00 |
| | 관내사전투표 | | | | | | |
| | 선거일 투표 | | | | | | |
| 중제2동 | 소계 | 0.08 - | 0.07 - | 0.00 - | 0.02 | 0.03 | 0.00 |
| | 관내사전투표 | | | | | | |
| | 선거일 투표 | | | | | | |
| 좌제1동 | 소계 | 0.09 - | 0.08 - | 0.00 | 0.00 | 0.01 - | 0.00 |
| | 관내사전투표 | | | | | | |
| | 선거일 투표 | | | | | | |

히 심했다는 것을 확인할 수 있다. 이재명의 차이값은 관외사전투표 +7%, 재외투표 +15%, 우1동 +10%, 우2동 +11%, 중2동 +8%, 좌1동 +9%이다. 모두 오차범위(0~3%)를 크게 벗어난다. 특정 지역의 투표자들이 갖고 있는 투표 성향은 이론적으로나 통계적으로 이렇게 크게 다를 수가 없다. 모든 선거에서 이재명에게 표를 쑤셔 넣어 주는 조작이 없다면 일어날 수 없는 일이다. 나는 이렇게 '만들어진 선거 결과'에 대해 미친 숫자라는 표현을 서슴지 않고 사용한다.

한편 윤석열의 경우 관외사전투표 -7%, 재외투표 -23%, 우1동 -9%, 우2동 -9%, 중1동 -10%, 중2동 -7%, 좌1동 -8%이다. 동 단위별로 한 곳도 예외가 없이 사전투표 조작이 실행에 옮겨졌음을 확인할 수 있다. 전산조작만이 가능한 일이다.

오른쪽의 홀쭉한 차이값 그래프는 사전투표 조작을 제거한 이후의 후보별 득표수 추정치에 바탕을 둔 차이값 그래프다. 오른쪽은 사전투표 조작이 없을 때 후보별 사전투표 득표율과 당일투표 득표율이 얼마나 비슷해지는가를 잘 보여주고 있다. 바로 이런 득표수가 자연수이자 무작위수가 보여주는 차이값 그래프다. 오른쪽은 〈1-1〉에서 이야기하는 A, B, C이다. 여기서 A, B, C는 각 후보의 사전투표 득표수다. 왼쪽은 〈1-2〉에서 말하는 A′, B′, C′이다. 여기서 A′, B′, C′는 조작된 후보별 사전투표 득표수다.

왼쪽 선거 데이터 분석을 통해 조작값을 찾아내고, 이를 이용해서 A, B, C를 추정해낼 수 있다. 그리고 그 추정치를 바탕으로 해서 사전투표 조작이 이루어진 상태의 후보별 득표수인 A′, B′, C′를 복원해낼 수 있다. 선관위 발표 후보별 득표수를 어떤 수학적 관계식과 입력되는 변수(조작값)를 이용해서 복원할 수 있다는 것은 선관위 발표 후보별 득표수(선거 데이터)가 조작 그 자체임을 말하고 있다.

지금 우리가 살펴본 바와 같이 해운대구의 차이값 그래프는 부산의 여타 선거구에서 비슷한 모습을 확인할 수 있다. 부산 전역에 대한 차이값 그래프는 조작값 15%를 적용시킨 2022 대선이 얼마나 문제가 있는 선거였는지를 실감 나게 보여주고 있다.

〈3-19〉의 왼쪽은 선관위 발표 후보별 득표수를 갖고 그린 차이값 그래프다. 뚱뚱함과 좌우대칭을 취하고 있다. 사전투표 조작이 포함된 득표수가 어떤 모습인지를 확인할 수 있다. 오른쪽은 사전투표를 제거한 재야 전문가의 후보별 진짜 득표수에 대한 추정치를 바탕으

〈3-19〉 2022 대선(부산), 조작된 상태 vs 조작되지 않은 상태

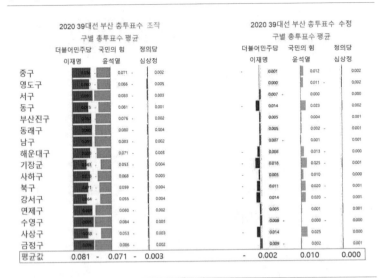

로 만들어진 차이값 그래프다. 홀쭉함과 종잡을 수 없음이 특성임을 알 수 있다.

　2022 대선의 진실은 입에 담겨 있는 것이 아니라, 선관위 발표한 선거 데이터에 담겨 있다. 그들이 무슨 짓을 했는지가 하나도 땅에 떨어지지 않고 고스란히 선거 데이터에 담겨 공개되어 있는 셈이다.

# 6
# 강원도

"선관위 발표에 따르면 강원도에서 윤석열이 3만 5,013표 차이로 이재명을 이겼다는 것이다. 재야 전문가 추정치는 무려 10만 5,592표 차이로 확대된다. 7만 579표 상당이 사전투표 조작에 동원된 것으로 추정된다. 그런데 강원도에서 아주 특별한 일이 생겼다. 17개 광역시도 가운데 경북을 제외한 선거구에서 유일하게 사전투표 청정지역이 나온 것이다. 어떤 이유에서인지 알 수 없지만, 사전투표 조작을 하지 않은 선거구가 강원도에서 나왔다."

## 다양한 조작값 출현

2022 대선에서 강원도는 여타 광역시도에 비해 특별한 현상이

**〈3-20〉 2022 대선(강원), 사전투표 조작값과 조작규모**

| 선거구 | 조작값<br>(사전투표 득표수 기준) | 사전투표 조작규모<br>(인위적으로 이동시킨 득표수) |
|---|---|---|
| 0%(1개 지역) | | |
| 동해시 | 0% | 0표 |
| 10%(5개 지역) | | |
| 양양군 | 10% | 1,188표 |
| 인제군 | 10% | 1,294표 |
| 철원군 | 10% | 1,428표 |
| 태백시 | 10% | 1,734표 |
| 삼척시 | 10% | 2,702표 |
| 15%(11개 지역) | | |
| 양구군 | 15% | 1,276표 |
| 화천군 | 15% | 1,528표 |
| 정선군 | 15% | 2,226표 |
| 영월군 | 15% | 2,340표 |
| 평창군 | 15% | 2,778표 |
| 횡성군 | 15% | 3,156표 |
| 홍천군 | 15% | 4,034표 |
| 속초시 | 15% | 4,294표 |
| 강릉시 | 15% | 12,100표 |
| 춘천시 | 15% | 13,570표 |
| 원주시 | 15% | 16,848표 |
| 20%(1개 지역) | | |
| 고성군 | 20% | 2,062표 |

관찰된 곳이다. 일단 선관위 발표 후보별 득표수에서 관찰된 특이사항부터 짚고 넘어가야 한다. 여타 지역에 비해 조작값이 다양하다.

놀랍게도 사전투표를 전혀 조작하지 않은 곳이 강원도에서 나왔다. 동해시는 조작값이 0%이다. 선관위 발표 선거 데이터에 어떤 규칙이나 패턴을 관찰할 수 없었다. 이 부분에 대해서는 뒤에 자세히 다룰 예정이다.

그 밖에 10%(5개 선거구), 15%(11개 선거구), 그리고 20%(1개 선거구)이다. 조작값 10% 선거구는 양양군, 인제군, 철원군, 태백시, 삼척시다. 조작값 15% 선거구는 양구군, 화천군, 정선군, 영월군, 평창군, 횡성군, 홍천군, 속초시, 강릉시, 춘천시, 원주시가 포함된다. 조작값 20% 선거구는 고성군 한 곳이다.

선관위 발표 공식 데이터에서 찾아낸 조작값은 윤석열과 심상정이 받은 사전투표 득표수 가운데서 조작값의 비율만큼 표를 빼앗는다는 뜻이다. 그리고 그것을 고스란히 이재명에게 넘겨주는 전산 프로그램이 가동되었음을 뜻한다. 쉽게 말하면 그런 전산 프로그램에 변수인 조작값을 입력해서 후보별 득표수를 만들어냈다는 뜻이다.


## 동해시, 조작값 0%


동해시의 조작값이 0%인 것은 놀라운 사실이다. 경상북도의 선거구 가운데 여러 곳에서 조작값 0%가 나왔지만, 여타 지역에서 사전투표를 조작하지 않은 선거구는 단 한 곳도 나오지 않았다. 이런 면에서 동해시를 깊이 들여다볼 필요가 있다.

동해시의 조작값이 0%라는 이야기는 선관위 발표 선거 데이터가 '만들어진 숫자'가 아님을 뜻한다. 투표자들이 던진 투표지수를 합산해서 발표한 자연수임을 뜻한다. 그러니까 선거사기가 동해시의 경우에는 일어나지 않았다는 점이 중요하다. 동해시의 조작값이 0%라는 것은 조작되지 않은 상태의 선거 데이터가 어떤 특성을 갖고 있는지를 다양하게 보여주고 있다. 여기서는 4가지 관점에서 조망해본다.

첫 번째 관점은 〈3-21〉 사전투표 조작 실태를 통해 동해시의 선거 데이터를 살펴본다. 재야 전문가는 동해시의 후보별 득표수를 분석한 결과 어떤 규칙이나 패턴이 관찰되지 않았다고 보고한다.

〈3-21〉은 사전투표 조작으로 인해 이동된 표가 단 한 표도 없다는 점을 분명히 하고 있다. 윤석열과 심상정의 조작값은 각각 0%이다. 또한 각자가 받은 본인 표 가운데서 빼앗긴 표도 없음을 확인할

**〈3-21〉 2022 대선(동해시), 사전투표 조작 실태**

| 20대 대통령 강원 동해시 사전투표 조작 | | | |
|---|---|---|---|
| | 더불어민주당 | 국민의 힘 | 정의당 | 사전투표 |
| | 이재명 | 윤석열 | 심상정 | 선거인수 |
| 1.발표득표수 | 12,015 | 15,761 | 618 | 29,103 |
| 득표율기준 | 0.41 | 0.54 | 0.02 | |
| | 0.00% | 0.00% | 0.00% | 본인표중 |
| 2.사전투표 조작수 | - | - | - | 상수값 |
| 사전투표선거인수 | | 0.0% | 0.0% | 0% |
| | | | | |
| 3.예상 득표수 | 12,015 | 15,761 | 618 | |
| 득표율 기준 | 0.41 | 0.54 | 0.02 | |

수 있다. 그 결과 선관위가 발표한 후보별 득표수와 정상투표가 이루어지는 경우에 후보별 득표수인 예상 표수가 정확하게 일치한다. 예를 들어 윤석열의 선관위 발표 득표수(1만 5,761표)와 예상 득표수(1만 5,761표)가 똑같다. 득표율도 선관위 발표와 정상투표에서 예상 득표율이 일치한다.

두 번째 관점으로 〈3-22〉 조작된 상태의 후보별 득표수와 조작되지 않은 상태의 후보별 득표수를 서로 비교하는 결과표는 동일한 결론을 제공한다. 동해시에서 사전투표 조작이 없었다는 사실을 분명히 한다. 〈3-22〉에서 1번 수정 전 사전투표수, 2번 수정 전 당일투표수, 3번 수정 전 득표율 차이는 모두 선관위 후보별 득표수를 말한다. 선관위의 공식적인 선거 데이터다.

**〈3-22〉 2022 대선(동해시), 조작된 상태 vs 조작되지 않은 상태 1**

| 수정전.후 사전투표와 당일투표 차이 | | | | |
|---|---|---|---|---|
| | 더불어민주당 | 국민의 힘 | 정의당 | 총투표 |
| | 이재명 | 윤석열 | 심상정 | 투표인수 |
| 1.수정전 사전투표수 | 12,015 | 15,761 | 618 | 57,515 |
| 득표율 기준 | 0.41 | 0.54 | 0.02 | |
| 2.수정전 당일투표수 | 10,880 | 15,978 | 741 | 당일투표 |
| 득표율 기준 | 0.38 | 0.56 | 0.03 | 투표인수 |
| 3.수정전 득표율 차이 | 0.03 - | 0.02 - | 0.00 | 28,411 |
| 합계 | 22,895 | 31,739 | 1,359 | |
| 4.수정후 사전투표수 | 12,015 | 15,761 | 618 | 사전투표 |
| 득표율 기준 | 0.41 | 0.54 | 0.02 | 투표인수 |
| 5.수정후 당일투표수 | 10,880 | 15,978 | 741 | 29,103 |
| 득표율 기준 | 0.38 | 0.56 | 0.03 | |
| 6.수정후 득표율 차이 | 0.030 - | 0.021 - | 0.005 | |
| 합계 | 22,895 | 31,739 | 1,359 | |

수정후 득표율 차이는" 0 "에 아주 가까우며 " 3 "를 넘지않는다

| 수정전 | 8,844 | 수정후 | 8,844 - | 21,536 |

4번 수정 후 사전투표수, 5번 수정 후 당일투표수, 6번 수정 후 득표율 차이는 모두 선관위 발표 선거 데이터에서 사전투표 조작이 발생하였을 경우 이를 제거한 후보별 진짜 득표수를 말한다.

1번 수정 전 사전투표수와 4번 수정 후 사전투표수가 일치한다. 결과적으로 선관위 선거 데이터를 수정하기 전의 윤석열과 이재명의 득표수는 8,844표였다. 그런데 조작값이 0%이기 때문에 수정 후의 득표수도 8,844표로 일치한다.

세 번째 관점은 차이값(사전-당일) 그래프를 수정 전의 선관위 발표 자료와 이를 수정한 이후의 자료를 비교한다. 조작값이 0%이기 때문에 동일할 것으로 예상된다. 〈3-23〉에서와 같이 두 개의 그래프가 일치함을 확인할 수 있다.

세 가지 관점을 통해 우리는 사전투표를 조작하지 않으면 선거 데이터가 어떤 모습을 가져야 하는가를 다양하게 확인할 수 있다.

**〈3-23〉 2022 대선(동해시), 조작된 상태 vs 조작되지 않은 상태 2**

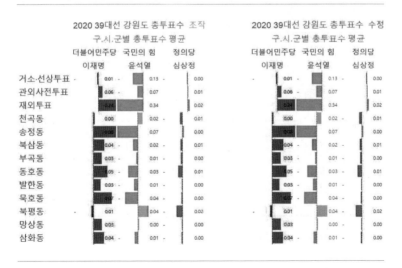

동해시의 선관위 선거 데이터는 어떻게 해서 전국의 다른 선거구들과 전적으로 다른 모습을 지니게 되었는지를 정확하게 알 수는 없다. 다만 사전투표 조작이 여의치 않았으며, 사전투표 조작이 실행되지 못한 것은 사실이다.

직접 조작 현장을 목격하지는 못했지만, 여러분이 지금 보고 있는 바와 같이 후보별 득표수나 차이값은 우리에게 현장에서 어떤 특별한 일이 일어났음을 실감 나게 말해주고 있다. 동해시도 전국의 여타 지역과 마찬가지로 선거조작범들이 사전투표 조작을 실행할 분명한 의도를 갖고 있었을 것이다. 그런데 어떤 특별한 이유로 인해 염원이 달성되지 못한 경우라 할 수 있다.

## 전국 선거 결과는 동해시 같아야

2022 대선에서의 동해시는 너무나 특별한 사례이기 때문에 재야 전문가의 분석 과정에서 나온 몇 가지 결과물을 더 살펴보고자 한다.

〈3-24〉의 왼쪽 자료는 선관위 발표 후보별 득표수이다. 2022 대선에서 전국의 거의 모든 선거구에서 전산조작을 활용한 조직적인 사전투표 득표수 증감 작업이 있었다. 결과적으로 선관위 발표 후보별 득표수는 '만들어진 숫자'이다. 만들어진 숫자는 지금까지 여러분께서 다른 지역들의 차이값을 본 바와 같이 차이값이 크고, 좌우 대칭이고, 이재명은 항상 플러스 값을, 윤석열은 항상 마이너스 값을 가진다.

〈3-24〉 2022 대선(동해시) 동 단위 사전투표 조작 점검

| 읍면동명 | 투표구명 | 선거인수 | 투표수 | 후보자별 득표수 | | | 선관위 발표 | | | 0.0% 윤석열 | 0.0% 심상정 |
|---|---|---|---|---|---|---|---|---|---|---|---|
| | | | | 더불어민주당 이재명 | 국민의 힘 윤석열 | 정의당 심상정 | 이재명 | 윤석열 | 심상정 | | |
| 합계 | | 77,147 | 57,515 | 22,896 | 31,739 | 1,359 | 0.01 | .13 | 0.00 | | |
| 거소·선상투표 | | 1,062 | 1,030 | 382 | 444 | 23 | 0.06 | .07 | 0.01 | | |
| 관외사전투표 | | 5,179 | 5,179 | 2,275 | 2,544 | 165 | 0.2? | .34 | 0.02 | | |
| 재외투표 | | 167 | 119 | 74 | 26 | 6 | | | | | |
| 천곡동 | 소계 | 22,099 | 15,891 | 6,393 | 8,832 | 390 | | | | | |
| | 관내사전투표 | 6,077 | 6,077 | 2,461 | 3,439 | 122 | | | | | |
| | 선거일 투표 | 16,022 | 9,814 | 3932 | 5393 | 268 | | | | | |
| 송정동 | 소계 | 3,486 | 2,587 | 893 | 1,557 | 60 | 0.00 | 0.02 | 0.01 | | |
| | 관내사전투표 | 1,292 | 1,292 | 500 | 731 | 33 | | | | | |
| | 선거일 투표 | 2194 | 1295 | 393 | 826 | 27 | | | | | |
| 북삼동 | 소계 | 15,133 | 11,010 | 4,890 | 5,597 | 272 | 0.08 | .07 | 0.00 | | |
| | 관내사전투표 | 5,265 | 5,265 | 2,446 | 2,635 | 114 | | | | | |
| | 선거일 투표 | 9,868 | 5,745 | 2444 | 2962 | 158 | | | | | |
| 부곡동 | 소계 | 4,800 | 3,563 | 1,378 | 2,026 | 67 | 0.04 | 0.02 | 0.01 | | |
| | 관내사전투표 | 1,891 | 1,890 | 758 | 1,070 | 32 | | | | | |
| | 선거일 투표 | 2909 | 1673 | 620 | 956 | 35 | | | | | |
| 동호동 | 소계 | 4,132 | 3,000 | 1,072 | 1,805 | 59 | 0.03 | 0.01 | 0.00 | | |
| | 관내사전투표 | 1,343 | 1,343 | 518 | 783 | 16 | | | | | |
| | 선거일 투표 | 2,789 | 1657 | 554 | 1022 | 43 | | | | | |
| 발한동 | 소계 | 3,259 | 2,318 | 714 | 1,516 | 37 | 0.05 | .03 | 0.01 | | |
| | 관내사전투표 | 1,099 | 1,099 | 353 | 711 | 17 | | | | | |
| | 선거일 투표 | 2,160 | 1219 | 361 | 805 | 20 | | | | | |
| 묵호동 | 소계 | 2,628 | 1,786 | 611 | 1,111 | 20 | 0.03 | 0.01 | 0.00 | | |
| | 관내사전투표 | 737 | 737 | 281 | 439 | 7 | | | | | |
| | 선거일 투표 | 1891 | 1049 | 330 | 672 | 13 | | | | | |
| 북평동 | 소계 | 9,664 | 7,033 | 2,896 | 3,785 | 193 | 0.07 | .04 | 0.00 | | |
| | 관내사전투표 | 3,340 | 3,340 | 1,365 | 1,862 | 55 | | | | | |
| | 선거일 투표 | 6,324 | 3,693 | 1531 | 1923 | 138 | | | | | |
| 망상동 | 소계 | 2,926 | 2,043 | 678 | 1,276 | 27 | 0.01 | 0.04 | 0.02 | | |
| | 관내사전투표 | 675 | 675 | 238 | 423 | 8 | | | | | |
| | 선거일 투표 | 2,251 | 1368 | 440 | 853 | 19 | | | | | |
| 삼화동 | 소계 | 2,612 | 1,955 | 639 | 1,220 | 40 | 0.03 | 0.00 | 0.00 | | |
| | 관내사전투표 | 1,057 | 1,057 | 364 | 654 | 20 | | | | | |
| | 선거일 투표 | 1555 | 898 | 275 | 566 | 20 | | | | | |

그런데 중간 부분에 동해시 동 단위의 차이값(사전-당일) 그래프가 있다. 차이값 크기는 대부분 오차범위 내에 속해 있고, 무시할 만한 크기다. 사전투표 득표수의 증감이 일어나지 않는 모습을 보여 주고 있다. 오른쪽은 조작값을 찾아내기 위한 과정이다. 상단에 보면 윤석열 조작값 0%, 심상정 조작값 0%를 확인할 수 있다. 동 단위에서 어떤 득표수 이동 현상도 관찰할 수 없다는 결과를 확인할 수 있다.

선관위 발표 데이터로부터 조작값을 찾아내는 일은 사전투표 조작 여부를 판별하는 데 결정적이다. 조작값을 찾아내는 출발점은 이 례적으로 큰 차이값(사전-당일)이다. 이는 선관위 발표 후보별 득표

수에 특정 후보의 사전투표 득표수를 빼앗아 다른 후보에게 밀어준 것을 말하기 때문이다.

그렇지만 선관위 발표가 강원도 동해시 후보별 득표수 자료에는 큰 차이값(사전-당일)을 확인할 수 없다. 동해시는 선거 데이터 분석 출발점부터 이례적으로 큰 차이값을 전혀 확인할 수 없다. 이는 선관위 발표 데이터가 정상임을 뜻한다.

〈3-25〉는 재야 전문가의 작업 과정에서 나온 결과물 가운데 하나이다. 첫 번째 칼럼은 이재명의 사전득표율 42%, 당일득표율 39%, 차이값 3%이다. 두 번째 칼럼은 윤석열의 사전득표율 55%, 당일득표율 57%, 차이값 -2.1%이다.

가장 하단에 있는 박스 내 숫자가 갖고 있는 의미를 풀어보자. 윤석열과 심상정을 포함해서 여타 중소 후보들에게서 사전투표 투표자수의 -3.037%만큼 득표수를 빼앗아서 이재명에게 +3.037%만큼 더해주었다는 뜻이다. 모두가 표본오차(0~3%) 이내다. 사전투표 조작을 위한 분석이 더 이상 필요 없다는 말이다.

이처럼 선관위 발표 후보별 득표수 자료에 사전투표 조작이 포함되어 있지 않다면 차이값(사전-당일)은 처음부터 오차범위 내에 작은 값을 갖고 있다. 바로 그런 사례가 경북을 제외한 17개 광역시 선

**〈3-25〉 2022 대선(동해시), 선관위 자료 차이값 분석**

| 0.42 | | 0.55 | | 0.02 | |
|------|---|------|---|-------|------|
| 0.39 | | 0.57 | | 0.03 | |
| 0.030 | - | 0.021 | - | 0.005 | 0.061 |
| A | | +F+G+H+I+J+K+L+N | | | |
| 0.03037 | - | 0.03037 | | | |

거구에서 유일하게 동해시에서 나왔다. 동해시에서는 사전투표 조작 시도가 물거품이 되었기 때문이다. 사실 2022 대선에서 선거사기가 일어나지 않았다면 전국의 모든 선거구 자료가 동해시와 같은 모습을 취해야 한다.

# 제4장

# 강력한 조작 지역
# : 충남, 경기

"비교적 강한 사전투표 조작이 있었던 곳이
충남과 경기다. 충남은 사전투표 투표자수
의 14.73%(9만 804표)에 달하는 사전투표
득표수를 이동시켰다. 경기도는 사전투표 투
표자수의 15.51%(59만 2,443표)를 이동시
켰다. 경기도의 경우는 심지어 윤석열이 사
전투표에서 12만 1,839표 승리한 것으로 추
정되는 선거를 이재명이 47만 604표로 승
리했다고 선관위가 발표하기도 했다. 그만큼
사전투표 득표수 증감 작업이 심하게 이뤄졌
음을 알 수 있다."

**1**

# 충청남도

선관위 발표 자료에 따르면 충남의 16개 선거구 가운데서 이재명이 승리한 지역이 무려 6곳(천안 서북구, 천안 동남구, 아산시, 서산시, 논산시, 당진시)이다. 이들 지역에서 사전투표 득표수 증감 작업이 있었던 것으로 보인다. 표를 빼앗는 데 사용된 조작값을 찾아내서 사전투표 조작을 수정한 이후에 6곳 모두 윤석열의 사전투표 승리로 돌아선다.

## 10~20%까지 다양한 조작값

충남의 사전투표를 만진 조작범들은 다양한 조작값을 입력하였다. 어디에 얼마를 입력하는가를 두고 골치를 꽤나 앓았을 것으로 본다. 10% 조작값이 4개 선거구, 15% 조작값이 10개 선거구, 그리고 20% 조작값이 2개 선거구이다.

10% 조작값이 적용된 선거구는 청양군, 태안군, 예산군, 서천군이다. 15% 조작값이 적용된 선거구는 계룡군, 부여군, 홍성군, 보

**〈4-1〉 2022 대선(충남), 사전투표 조작값과 조작규모**

| 선거구 | 조작값<br>(사전투표 득표수 기준) | 사전투표 조작규모<br>(인위적으로 이동시킨 득표수) |
|---|---|---|
| 10%(4개 지역) | | |
| 청양군 | 10% | 1,440표 |
| 태안군 | 10% | 2,600표 |
| 예산군 | 10% | 3,074표 |
| 서천군 | 10% | 5,856표 |
| 15%(10개 지역) | | |
| 계룡군 | 15% | 2,586표 |
| 부여군 | 15% | 3,868표 |
| 홍성군 | 15% | 4,936표 |
| 보령시 | 15% | 5,654표 |
| 공주시 | 15% | 5,856표 |
| 당진시 | 15% | 7,388표 |
| 서산시 | 15% | 8,374표 |
| 천안 동남구 | 15% | 9,866표 |
| 아산시 | 15% | 11,546표 |
| 천안 서북구 | 15% | 13,388표 |
| 20%(2개 지역) | | |
| 금산군 | 20% | 3,486표 |
| 논산시 | 20% | 6,806표 |

령시, 공주시, 당진시, 서산시, 천안 동남구, 아산시, 천안 서북구다. 20% 조작값이 적용된 선거구는 금산군, 논산시다.

한편 사전투표 조작이 당락을 바꾼 선거구 가운데 일부를 살펴보자. 천안 서북구(조작값 15%)는 1만 3,388표의 사전투표 득표수 증감이 있었다. 그 결과로 인해 선관위 발표 자료는 이재명이 5,412표로 사전투표에서 승리했다고 발표하였다. 하지만 투표수 증감을 수정한 이후에 실제로 윤석열이 7,566표 차이로 승리한 선거였다. 윤석열이 승리한 선거를 이재명이 승리한 선거로 둔갑된 충남의 6곳 가운데 하나이다.

선관위 발표 후보별 득표수에는 이미 사전투표 조작 증거물이 고스란히 남겨져 있다. 이재명의 사전투표 득표율 52%, 당일투표 득표율 46%, 차이값 +6%이다. 윤석열은 사전투표 득표율 43%, 당일투표 득표율 48%, 차이값 −5%이다. 차이값의 크기만 보더라도 정상적인 투표가 아니다. 투표자들이 이처럼 당일투표와 사전투표에서 지지도가 크게 변할 수는 없다.

천안 동남구에서도 비슷한 일이 일어났다. 선관위 발표 사전투표 득표수에 따르면 이재명 3만 3,375표, 윤석열 3만 1,315표로 이재명의 아슬아슬한 승리다. 그런데 실제로 선관위 발표 후보별 득표수에 포함된 사전투표 득표수 증감을 원상 복귀시키고 나면 후보별 진짜 득표수 추정치는 이재명 2만 8,442표, 윤석열 3만 6,012표로 뒤바뀌고 만다. 선관위 발표 득표수에 15% 조작값이 입력되어 9,866표의 증가 혹은 감소 작업이 포함되어 있기 때문이다. 이처럼 전산조작을 통한 후보별 사전투표 득표수 증가와 감소 작업은 투표자들과 관계없는 결과를 낳게 된다.

## 동 단위 100% 조작

충남을 구성하는 16개 선거구에서 6곳(천안 서북구, 천안 동남구, 아산시, 서산시, 논산시, 당진시)을 뽑아 동 단위에서 사전투표 승패를 살펴본다. 6곳의 사례이긴 하지만 충남 전역뿐만 아니라 전국 대부분에도 비슷한 상황이 일어났을 것이다. 사전투표를 실행함에 있어서 전산 프로그램은 그 대상은 동 단위 혹은 투표소 단위로 득표수 증감 작업을 순식간에 이뤄낸다. 그렇기 때문에 윤석열이 동 단위에서 사전투표에 승리할 가능성은 없다. 동 단위 혹은 투표소 단위로 조작을 하는데, 무슨 수로 윤석열이 승리할 수 있겠나!

이재명에게 표를 더해주기 위해서는 반드시 윤석열과 심상정의 표가 필요하기 때문이다. 동 단위로 빼앗은 득표수와 더하는 득표수가 일치한다. 〈4-2〉에서 확인할 수 있듯이 동 단위에서 이재명은 압승이다.

천안 서북구의 14개 동에서 단 한 곳에서도 윤석열은 승리하지

**〈4-2〉2022 대선(충남), 동 단위 사전투표 승률**

|  | 조작값 | 동 수 | 동 단위의 사전투표 승률<br>(이재명 승리) |
|---|---|---|---|
| 천안 서북구 | 15% | 14개 | 14:0 |
| 천안 동남구 | 15% | 17개 | 17:0 |
| 아산시 | 15% | 17개 | 17:0 |
| 서산시 | 15% | 15개 | 15:0 |
| 논산시 | 20% | 15개 | 15:0 |
| 당진시 | 15% | 14개 | 14:0 |

주: 사전투표 승리는 사전투표 득표율이 당일투표 득표율보다 큰 것을 말함

못하였다. 승률은 14:0이다. 확률은 1/2의 14승이다. 불가능한 확률이 천안 서북구에서 일어났다. 2의 14승은 계산기로 계산을 할 수 없을 정도로 어마어마한 숫자이다. 천안 동남구의 이재명 사전투표 승률은 17:0, 아산시는 17:0, 서산시는 15:0이다. 후보별 득표수를 만들어낸다는 것은 바로 이와 같은 짓을 말한다.

이런 식으로 사전투표 증감을 했기 때문에 이들 6개 지역의 선관위 발표 자료는 이재명 사전투표 승리로 판가름 났다. 물론 수정 이후에는 모두 윤석열 승리로 바뀌게 된다. 한마디로 선거가 선거가 아니다.

## 가짜와 진짜를 생생하게 확인하기

동 단위의 사전투표 조작을 생생하게 확인하기 위해 당진시 사례를 살펴본다. 당진시는 14개 동으로 구성되어 있는데, 지면 관계상 관외사전투표, 재외투표, 그리고 5개 동의 관내사전투표 자료를 공개한다(《4-3》).

왼쪽(A)은 선관위 발표 후보별 득표수이다. 편의상 이재명과 윤석열만을 선택하였다. 중간(B)은 선관위 발표 득표수에 숨어 있는 규칙과 패턴을 발견하기 위해 다양한 조작값의 조합을 입력하여 최적의 조합값을 찾아내는 과정을 보여주고 있다. 0%에서 시작해 5%, 10% 순서로 차근차근 조작값의 크기를 증가시킨다. 종착역은 윤석열과 심상정이 각각 15% 조합이다.

윤석열과 심상정의 사전투표 득표수에서 각각 15%를 빼앗아 이

| 읍면동명 | 투표구명 | 불어민주/국민의 힘 | | 조작값 | | 이재명 | 윤석열 |
| | | 이재명 | 윤석열 | 0.0% 이재명 | 15.9% 윤석열 | - | - |
| 합계 | | 46,903 | 49,230 | - | 3,529.35 | 43,209 | 52,759 |
| 거소·선상투표 | | 93 | 129 | * | 19.35 | 73 | 148 |
| 관외사전투표 | | 4,282 | 4,733 | | 709.95 | 3,539 | 5,443 |
| 재외투표 | | 145 | 59 | | 8.85 | 136 | 68 |
| 당진1동 | 소계 | 5,740 | 5,915 | | | 5,321 | 6,314 |
| | 관내사전투표 | 2,729 | 2,663 | | 399.45 | 2,310 | 3,062 |
| | 선거일 투표 | 3,011 | 3252 | | | 3,011 | 3,252 |
| 합덕읍 | 소계 | 2,086 | 3,195 | | | 1,865 | 3,411 |
| | 관내사전투표 | 1,131 | 1,439 | | 215.85 | 910 | 1,655 |
| | 선거일 투표 | 955 | 1,756 | | | 955 | 1,756 |
| 송악읍 | 소계 | 7,977 | 6,622 | | | 7,575 | 7,006 |
| | 관내사전투표 | 3,400 | 2,557 | | 383.55 | 2,998 | 2,941 |
| | 선거일 투표 | 4,577 | 4065 | | | 4,577 | 4,065 |
| 고대면 | 소계 | 1,789 | 2,192 | | | 1,618 | 2,357 |
| | 관내사전투표 | 1,192 | 1,100 | | 165.00 | 1,021 | 1,265 |
| | 선거일 투표 | 597 | 1,092 | | | 597 | 1,092 |
| 석문면 | 소계 | 2,369 | 2,522 | | | 2,198 | 2,687 |
| | 관내사전투표 | 1,206 | 1,102 | | 165.30 | 1,035 | 1,267 |
| | 선거일 투표 | 1,163 | 1,420 | | | 1,163 | 1,420 |
| 대호지면 | 소계 | 487 | 900 | | | 432 | 954 |

재명에게 더해주는 규칙 혹은 수학적 관계식이 선관위 발표 득표수에서 발견되었음을 말해주고 있다. 컴퓨터는 차이값(사전-당일)이 최소치에 이른 상태에서 이렇게 외친다. "딩동댕! 당산시의 조작값은 15%입니다!"

오른쪽(C)은 선관위 발표 득표수(A)에 조작값을 적용시켜 사전투표 조작이 없는 상태를 찾아낸다. 조작된 상태인 선관위 발표 후보별 득표수 A로부터 조작이 없는 상태인 C를 추정하는 일이 가능하다.

결과적으로 A와 C를 비교하면 관외사전투표(우편투표), 재외투표, 그리고 동별 관내사전투표에서 얼마큼 이재명이 공짜로 먹어치

웠는지, 윤석열이 얼마큼을 빼앗겼는지를 확인할 수 있다.

당진시 관외사전투표(우편투표)에서 선관위는 윤석열이 4,733표를 받았다고 발표했다. 그러나 선관위 발표 득표수에는 사전투표 조작으로 인한 득표수 증감이 포함되어 있다. 재야 전문가의 작업에 따르면 관외사전투표의 경우 윤석열로부터 15%를 빼앗았다. 따라서 윤석열이 실제로 얻은 표는 선관위 발표 득표수(4,733표)에 15%(710표, 709.95표 반올림 처리)를 더한 5,443표이다.

선관위는 이재명의 관외사전투표 득표수를 4,282표라고 발표했다. 그러나 이것은 가짜 득표수이다. 왜냐하면 사전투표 조작으로 이재명이 공짜로 먹어치운 표 710표가 포함되어 있기 때문이다. 따라서 이재명의 진짜 관외사전투표 득표수는 4,282표에서 먹어치운 710표를 뺀 3,792표이다. C에는 3,539표로 기록되어 있다. 심상정에게서 253표를 훔쳤기 때문이다. 전국의 모든 선거구에서 이처럼 동 단위 혹은 투표소 단위의 표 훔치기 작업은 순식간에 진행된다. 전산조작의 막강한 힘이다. 여기서 우리는 선관위 발표 득표수가 어떻게 조작되었는지를 정확하게 이해할 수 있다.

요약해서 말하자면 〈4-3〉에서 C 부분은 〈1-1〉에 나왔던 A, B, C(각 후보가 실제로 얻은 득표수)이다. 반면 〈4-3〉에서 A 부분은 〈1-2〉에 나왔던 A′, B′, C′(사전투표 증감이 더해진 조작된 득표수)이다. A 부분에서 조작값을 찾아낼 수 있고, 그 조작값을 이용해서 진짜인 C 부분을 복원할 수 있다. 또한 진짜(C)를 바탕으로 조작값을 적용하면 가짜인 A를 복구할 수 있다. 복원될 수 있는 선관위 발표 득표수, 복구될 수 있는 선관위 발표 득표수, 재현될 수 있는 선관위 발표 득표수는 뭘 이야기하는가? 모두 '만들어진 숫자'라는 점이다. 더하기·

빼기로 구성된 간단하기 짝이 없는 전산(사칙연산) 프로그램에 조작 값을 입력하면 도깨비방망이처럼 선거 결과를 뚝딱뚝딱 만들 수 있는 것이 대한민국 공직선거의 실상이다. 수천억 원을 들여서 왜 선거를 해야 하는지 도무지 이해할 수 없다. 누가 이런 숫자를 만들어냈는가? 이걸 밝힐 의지가 없다면 인간들의 나라라 할 수 없는 일이다.

가짜와 진짜, 사전투표 조작이 일어난 상태와 일어나지 않는 상태, 컴퓨터가 만든 숫자와 투표자들이 결정한 숫자 등의 대조를 극명하게 드러내는 것이 〈4-4〉 충남의 차이값 그래프다. 산수나 수학이나 통계에 대해 전혀 문외한이라 하더라도 왼쪽을 보는 순간 "이건 뭐야!", "이건 왜 이래!"라는 말이 툭 튀어나올 것이다. 왜냐하면 너무 정형화되어 있고, 너무 기계적이고, 너무 인위적이고, 너무 작위적이기 때문이다. 뭔가 사람이 개입해서 만든 냄새가 물씬 풍기지 않는가!

**〈4-4〉 2022 대선(충남), 조작된 상태 vs 조작되지 않은 상태**

| | 2020 39대선 충청남도 총투표수 조작 시군별 총투표수 평균 | | | | 2020 39대선 충청남도 총투표수 수정 시군별 총투표수 평균 | | |
|---|---|---|---|---|---|---|---|
| | 더불어민주당 이재명 | 국민의 힘 윤석열 | 정의당 심상정 | | 더불어민주당 이재명 | 국민의 힘 윤석열 | 정의당 심상정 |
| 천안 서북구 | 0.059 | 0.047 | 0.005 | - | 0.010 | 0.018 - | 0.001 |
| 천안 동남구 | 0.056 | 0.053 - | 0.005 | | 0.007 | 0.016 - | 0.001 |
| 충남 공주시 | 0.048 | 0.085 | 0.003 | | 0.011 - | 0.009 | 0.006 |
| 충남 보령시 | 0.058 | 0.065 | 0.002 | | 0.014 | 0.013 | 0.005 |
| 충남 아산시 | 0.057 | 0.046 | 0.005 | | 0.013 | 0.020 - | 0.001 |
| 충남 서산시 | 0.058 | 0.057 | 0.002 | | 0.007 | 0.014 | 0.002 |
| 충남 태안군 | 0.057 | 0.063 - | 0.000 | | 0.012 - | 0.010 | 0.002 |
| 충남 금산군 | 0.101 | 0.092 | 0.002 | | 0.002 | 0.007 | 0.006 |
| 충남 논산시 | 0.042 | 0.078 | 0.000 | | 0.012 | 0.013 | 0.005 |
| 충남 계룡시 | 0.067 | 0.056 | 0.004 | | 0.013 | 0.020 - | 0.000 |
| 충남 당진시 | 0.063 | 0.053 - | 0.002 | | 0.010 | 0.016 | 0.001 |
| 충남 부여군 | 0.069 | 0.087 | 0.002 | | 0.006 - | 0.008 | 0.005 |
| 충남 서천군 | 0.063 | 0.056 - | 0.000 | | 0.012 - | 0.007 | 0.005 |
| 충남 홍성군 | 0.075 | 0.068 - | 0.001 | | 0.004 | 0.008 | 0.003 |
| 충남 청양군 | 0.057 | 0.060 | 0.003 | | 0.007 - | 0.002 | 0.005 |
| 충남 예산군 | 0.059 | 0.073 | 0.001 | | 0.018 | 0.014 | 0.004 |
| 평균값 | 0.073 - | 0.065 - | 0.001 | - | 0.002 | 0.006 | 0.003 |

조작값을 이용해서 후보별 득표수가 만들어졌기 때문에 얼마든지 조작되지 않은 상태의 후보별 진짜 득표수를 복원할 수 있다. 복원된 후보별 진짜 득표수로부터 얼마든지 후보별 가짜 득표수도 복원할 수 있다. 여기서 가짜 득표수는 위법적인 사전투표 득표수 증감이 포함된 상태를 말한다. 그렇게 사전투표 조작이 버젓이 포함된 후보별 득표수를 선관위가 발표한 것이다. 이런 저질스런 범죄를 저질러도 대로를 활보할 수 있고 온갖 선출직 공직자로서 폼잡을 수 있는 대한민국이다. 부정선거공화국, 대한민국 만만세다! 전산조작공화국, 대한민국 만만세다!

# 2

# 경기도

경기도는 조작이 심했던 곳 가운데 하나다. 얼마나 심했는가 하면 선관위 발표 자료는 42개 선거구 가운데 이재명이 승리한 지역이 무려 36곳이라고 발표했다. 약 86%에 달한다. 그런데 사전투표 득표수 증감을 모두 원래 상태로 되돌리자 이재명이 승리한 선거구는 13곳으로 쪼그라들고 만다. 약 31%로 주저앉고 만다. 선관위 발표 후보별 득표수에 엄청난 투표지 증감 작업이 있었음을 알 수 있다.

## 선거 결과, 어째 이러냐

"짐승이 아니고 인간이면 양심이 있게 마련인데, 선거 결과를 이렇게 만들어놓는가!" "선거 결과가 무슨 공산품인가? 이렇게 심하게 손을 대다니!" 대한민국 선거사무를 담당하는 자들은 두 눈을 크게 뜨고 보기 바란다. 이게 선거인지, 아니면 사기인지를 말이다.

도대체 이재명이 사전투표만 하면 승리를 거두는 데는 무슨 특별한 이유가 있는가? 사전투표만 하면 이재명은 모든 동 단위에서 당일투표 득표율을 압도할 정도로 사전투표 득표율이 높다. 특수 산삼이라도 삶아 먹었는지, 사전투표만 하면 압승하는 비결이 뭔가!

**〈4-5〉 2022 대선(경기), 동 단위 사전투표 승률**

| | 조작값 | 동 수 | 동 단위의 사전투표 승률 (이재명 승리) |
|---|---|---|---|
| 수원 장안구 | 15% | 10개 | 10:0 |
| 수원 권선구 | 15% | 12개 | 12:0 |
| 수원 팔달구 | 15% | 10개 | 10:0 |
| 수원 영통구 | 15% | 12개 | 12:0 |
| 성남 수정구 | 15% | 17개 | 17:0 |
| 성남 중원구 | 15% | 11개 | 11:0 |
| 성남 분당구 | 20% | 22개 | 22:0 |
| 의정부 | 15% | 14개 | 14:0 |
| 안양 만안구 | 20% | 14개 | 14:0 |
| 안양 동안구 | 20% | 17개 | 17:0 |
| 부천시 | 20% | 10개 | 10:0 |
| 광명시 | 20% | 18개 | 18:0 |
| 평택시 | 15% | 25개 | 25:0 |
| 양주시 | 15% | 11개 | 11:0 |
| 동두천시 | 15% | 8개 | 8:0 |
| 안산 상록구 | 20% | 13개 | 13:0 |

경기도 42개 선거구의 모든 동 단위에서 승리를 거두는 이변이 어떻게 일어날 수 있는가! 이것은 확률적으로 불가능하다는 정도가 아니고 아예 일어날 수 없는 일이다. 그런 일이 2022 대선 경기도에서 일어났고, 전국에서 일어났다.

경기도에서 이재명이 거둔 동 단위 모든 사전투표 압승은 선거구마다 동전 던지기에 비유하면 항상 앞면이 나왔다는 이야기다. 1/2의 10승 곱하기, 1/2의 12승 곱하기, 1/2의 10승이 계속 이어지는 확률이 일어난 것과 같다. 수백, 수천 개의 동전을 한꺼번에 던졌을 때 모두 앞면이 나오는 확률이 경기도에서 일어났다고 보면 된다.

수원 장안구에서만 1/2의 10승이 일어나기도 힘든데, 경기도의 모든 선거구에서 이런 결과가 나온다는 것은 있을 수 없는 일이다. 이재명에게 사전투표 득표수를 몰아주고, 윤석열에게 같은 수만큼 빼앗지 않고선 불가능한 일이다.

선관위 발표 후보별 득표수가 정상적인 투표 결과가 아니라는 사실은 〈4-6〉과 같은 차이값 그래프를 통해서도 확인할 수 있다. 왼쪽 그래프는 선관위 발표 후보별 득표수로 작성된 것이다. 한쪽에서 빼앗아서 다른 한쪽에 득표수를 더하기 때문에 선거구마다 좌우대칭 구조를 갖고 있다. 차이값의 평균치는 이재명 +7.2%, 윤석열 −6.2%이다. 특정 선거구의 투표자들이 사전투표와 당일투표에서 이처럼 후보 지지도에서 큰 차이를 보일 수는 없다. 확률적으로 불가능한 일이 아니라 아예 일어날 수 없는 일이다. 이재명에게 사전투표 득표수를 듬뿍 쏴서 넣어주고, 윤석열에게서 그만큼 가져가지 않으면 불가능한 일이다.

## ⟨4-6⟩ 2022 대선(경기), 조작된 상태 vs 조작되지 않은 상태

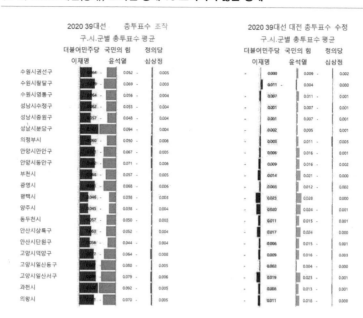

| | 2020 39대선 총투표수 조작 구.시.군별 총투표수 평균 | | | | 2020 39대선 대전 총투표수 수정 구.시.군별 총투표수 평균 | | |
|---|---|---|---|---|---|---|---|
| | 더불어민주당 이재명 | 국민의 힘 윤석열 | 정의당 심상정 | | 더불어민주당 이재명 | 국민의 힘 윤석열 | 정의당 심상정 |
| 수원시권선구 | 0.064 | 0.052 | 0.005 | | 0.000 | 0.009 | 0.002 |
| 수원시팔달구 | | 0.069 | 0.003 | | 0.011 | 0.004 | 0.000 |
| 수원시영통구 | 0.064 | 0.056 | 0.004 | | 0.007 | 0.011 | 0.001 |
| 성남시수정구 | 0.062 | 0.053 | 0.004 | | 0.001 | 0.007 | 0.001 |
| 성남시중원구 | 0.057 | 0.048 | 0.004 | | 0.001 | 0.007 | 0.001 |
| 성남시분당구 | | 0.094 | 0.005 | | 0.002 | 0.005 | 0.001 |
| 의정부시 | 0.060 | 0.050 | 0.006 | | 0.005 | 0.011 | 0.003 |
| 안양시만안구 | | 0.067 | 0.005 | | 0.006 | 0.016 | 0.001 |
| 안양시동안구 | | 0.071 | 0.006 | | 0.009 | 0.016 | 0.002 |
| 부천시 | 0.066 | 0.057 | 0.005 | | 0.014 | 0.021 | 0.000 |
| 광명시 | | 0.068 | 0.006 | | 0.003 | 0.012 | 0.002 |
| 평택시 | 0.046 | 0.036 | 0.003 | | 0.025 | 0.028 | 0.000 |
| 양주시 | 0.045 | 0.038 | 0.004 | | 0.020 | 0.024 | 0.001 |
| 동두천시 | 0.057 | 0.050 | 0.003 | | 0.011 | 0.015 | 0.001 |
| 안산시상록구 | 0.063 | 0.052 | 0.004 | | 0.017 | 0.024 | 0.000 |
| 안산시단원구 | 0.056 | 0.044 | 0.004 | | 0.006 | 0.015 | 0.001 |
| 고양시덕양구 | | 0.064 | 0.008 | | 0.009 | 0.016 | 0.003 |
| 고양시일산동구 | | 0.080 | 0.005 | | 0.002 | 0.004 | 0.001 |
| 고양시일산서구 | | 0.079 | 0.006 | | 0.019 | 0.023 | 0.001 |
| 과천시 | | 0.092 | 0.005 | | 0.006 | 0.013 | 0.001 |
| 의왕시 | | 0.070 | 0.005 | | 0.011 | 0.018 | 0.000 |

| | 2020 39대선 총투표수 조작 구.시.군별 총투표수 평균 | | | | 2020 39대선 대전 총투표수 수정 구.시.군별 총투표수 평균 | | |
|---|---|---|---|---|---|---|---|
| | 더불어민주당 이재명 | 국민의 힘 윤석열 | 정의당 심상정 | | 더불어민주당 이재명 | 국민의 힘 윤석열 | 정의당 심상정 |
| 남양주시 | 0.069 | 0.061 | 0.004 | | 0.016 | 0.020 | 0.001 |
| 오산시 | 0.047 | 0.037 | 0.005 | | 0.015 | 0.015 | 0.001 |
| 화성시 | 0.048 | 0.039 | 0.004 | | 0.017 | 0.023 | 0.001 |
| 시흥시 | 0.050 | 0.040 | 0.004 | | 0.008 | 0.015 | 0.001 |
| 군포시 | | 0.071 | 0.005 | | 0.002 | 0.009 | 0.000 |
| 하남시 | | 0.067 | 0.006 | | 0.015 | 0.021 | 0.002 |
| 파주시 | 0.054 | 0.048 | 0.003 | | 0.009 | 0.012 | 0.000 |
| 여주시 | 0.066 | 0.056 | 0.001 | | 0.013 | 0.018 | 0.002 |
| 이천시 | 0.052 | 0.047 | 0.000 | | 0.022 | 0.025 | 0.004 |
| 용인시처인구 | 0.058 | 0.048 | 0.004 | | 0.011 | 0.018 | 0.001 |
| 용인시수지구 | | 0.088 | 0.005 | | 0.001 | 0.005 | 0.002 |
| 용인시기흥구 | | 0.079 | 0.004 | | 0.025 | 0.028 | 0.001 |
| 안성시 | 0.054 | 0.021 | 0.003 | | 0.014 | 0.024 | 0.001 |
| 김포시 | 0.064 | 0.055 | 0.005 | | 0.002 | 0.006 | 0.002 |
| 광주시 | 0.061 | 0.053 | 0.003 | | 0.002 | 0.008 | 0.000 |
| 포천시 | 0.052 | 0.046 | 0.002 | | 0.003 | 0.001 | 0.000 |
| 연천군 | 0.061 | 0.058 | 0.001 | | 0.009 | 0.008 | 0.001 |
| 양평군 | | 0.085 | 0.003 | | 0.010 | 0.017 | 0.001 |
| 가평군 | | 0.073 | 0.002 | | 0.000 | 0.005 | 0.001 |
| 평균값 | 0.072 | 0.062 | 0.005 | | 0.008 | 0.014 | 0.001 |

왼쪽 그래프는 사전투표 조작으로 인한 득표수가 포함된 상태다. 선관위 발표 후보별 득표수를 분석하면 어떤 수학적 관계식을 갖고 있는지, 조작값을 얼마를 사용해서 표를 빼앗고 더했는지를 확인할 수 있다. 왼쪽 그래프로부터 조작되지 않은 상태가 얼마든지 복원이 가능하다. 그렇게 복원된 차이값 그래프는 정상투표가 이루어졌을 경우에 사전과 당일투표 득표수가 어떻게 돼야 하는지를 말해주고 있다.

선거구마다 사전투표 득표율과 당일투표 득표율은 같거나 비슷해야 한다. 이를 위반한 왼쪽 그래프는 그야말로 '만들어진 숫자'에 바탕을 두고 구해진 차이값 그래프로 해석할 수밖에 없다. 이것이 바로 선관위 작품이다.

## 10~25%, 조작값

선관위 발표 경기도 후보별 득표수의 분석 결과는 이렇게 정리할 수 있다. 선거 데이터 가운데서도 당일 득표수를 제외한 거의 모든 사전투표 득표수는 '만들어진 숫자'라는 점이 밝혀졌다. 윤석열과 심상정에게서 일정한 퍼센트만큼 득표수를 마이너스로 처리한 다음에 이재명에게 같은 득표수만큼 플러스시키는 간단한 연산 프로그램으로 만들어진 숫자라는 점이다. 입력되는 변수인 조작값에 따라 선거구마다 다른 선거 결과가 출력되게 운영됐다.

조작값 10% 선거구가 모두 4개다. 양양군, 연천군, 포천시, 안성시가 이에 포함된다. 조작값 15% 선거구는 모두 21개다. 가평군, 동

**〈4-7〉2022 대선(경기), 사전투표 조작값과 조작규모**

| 선거구 | 조작값<br>(사전투표 득표수 기준) | 사전투표 조작규모<br>(인위적으로 이동시킨 득표수) |
|---|---|---|
| 10%(4개 지역) | | |
| 양양군 | 10% | 1,188표 |
| 연천군 | 10% | 1,482표 |
| 포천시 | 10% | 4,590표 |
| 안성시 | 10% | 5,460표 |
| 15%(21개 지역) | | |
| 가평군 | 15% | 3,598표 |
| 동두천시 | 15% | 3,834표 |
| 여주시 | 15% | 5,850표 |
| 오산시 | 15% | 6,322표 |
| 수원 팔달구 | 15% | 7,596표 |
| 성남 중원구 | 15% | 8,122표 |
| 양주시 | 15% | 8,602표 |
| 용인 처인구 | 15% | 9,984표 |
| 안산 단원구 | 15% | 10,036표 |
| 성남 수정구 | 15% | 10,358표 |
| 이천시 | 15% | 10,070표 |
| 수원 장안구 | 15% | 10,926표 |
| 수원 권선구 | 15% | 12,926표 |
| 광주시 | 15% | 13,752표 |
| 수원 영통구 | 15% | 14,832표 |
| 파주시 | 15% | 15,306표 |
| 시흥시 | 15% | 15,560표 |
| 김포시 | 15% | 15,982표 |
| 의정부 | 15% | 16,254표 |
| 평택시 | 15% | 22,940표 |

| 화성시 | 15% | 31,278표 |
|---|---|---|
| 20%(16개 지역) | | |
| 과천시 | 20% | 6,094표 |
| 의왕시 | 20% | 9,440표 |
| 양평군 | 20% | 9,576표 |
| 구리시 | 20% | 9,650표 |
| 군포시 | 20% | 13,216표 |
| 안양 만안구 | 20% | 13,916표 |
| 안양 상록구 | 20% | 15,020표 |
| 고양 일산동구 | 20% | 15,548표 |
| 광명시 | 20% | 15,590표 |
| 하남시 | 20% | 18,432표 |
| 안양 동안구 | 20% | 18,900표 |
| 용인 수지구 | 20% | 22,166표 |
| 고양 덕양구 | 20% | 25,688표 |
| 성남 분당구 | 20% | 31,082표 |
| 남양주시 | 20% | 31,870표 |
| 부천시 | 20% | 40,700표 |
| 25%(2개 지역) | | |
| 고양 일산서구 | 25% | 18,530표 |
| 용인 기흥구 | 25% | 28,890표 |

두천시, 여주시, 오산시 등이 이에 포함된다. 조작값 20%인 선거구는 모두 16개로, 과천시, 의왕시, 양평군, 구리시 등이 여기에 속한다. 조작값 25%가 적용된 지역은 2곳으로 고양 일산서구와 용인 기흥구가 이에 해당한다.

투표자가 작은 양양군, 연천군 등에 대해 조작값 10%를 적용하는 것은 이해되는 바가 없지 않지만, 그 밖에 조작값 15%를 적용한 21개 지역에 대해서는 여전히 의구심을 갖고 있다. 이들 지역의 조작값을 20%나 25%까지 끌어올리는 것은 기술적으로 문제가 없기 때문이다. 경기도는 투표자수가 많기 때문에 좀 더 과감하게 조작값을 올렸더라면 이재명이 더 많은 표를 끌어모을 수 있었을 것이다.

예를 들어 2017 대선 이후 화끈하게 조작한 2020년 4·15 총선의 경우를 보자. 전체를 보지 않더라도 시흥시을 선거구(조정식 대 김승대결)만 하더라도 조작값은 30%를 적용하였다. 미래통합당 김승과 국가혁명배당금당 이창희가 얻은 사전투표 득표수에서 각각 30%를 빼앗아 민주당 조정식에게 넘긴 바가 있다. 시흥시갑(문정복 대 함진규 대결)에서도 조작값 30%를 적용해서 미래통합당 후보와 정의당 후보에게서 각각 30%를 빼앗아 민주당 문정복에게 넘긴 바가 있다. 따라서 2022 대선만큼 중요한 선거에서 경기도의 조작값이 지나치게 낮은 수준이었다는 평가를 하게 된다. 그만큼 선거를 낙관했기 때문에 지나치게 낮은 조작값으로 극적인 승리를 기획했다고 본다. 그 점이 바로 그들의 실책이었다.

## 수원 권선구에서 일어난 일

수원 권선구에서 이재명은 12개 동에서 사전투표 승리를 거두었다. 사전투표 득표율이 당일투표 득표율보다 월등히 높았으며, 단 하나의 동에서도 예외가 없다. 이재명에게 표를 더해주고, 윤석열에게

| 읍면동명 | 투표구명 | 선관위 발표 | | | 수정후 발표 | | |
|---|---|---|---|---|---|---|---|
| | | 이재명 | 윤석열 | 심상정 | 이재명 | 윤석열 | 심상정 |
| 계 | | | | | | | |
| 소선상투표 | | - 0.05 | - 0.12 | - 0.01 | - 0.10 | - 0.07 | 0.( |
| 리사전투표 | | 0.03 | - 0.03 | 0.00 | - 0.03 | 0.03 | 0.( |
| 리투표 | | 0.10 | 0.18 | - 0.00 | 0.06 | 0.14 | 0.( |
| 류1동 | 소계 | | | | | | |
| | 관내사전투표 | | | | | | |
| | 선거일 투표 | | | | | | |
| 류2동 | 소계 | 0.07 | - 0.05 | - 0.00 | - 0.00 | 0.02 | 0.( |
| | 관내사전투표 | | | | | | |
| | 선거일 투표 | | | | | | |
| 류3동 | 소계 | 0.07 | - 0.05 | - 0.00 | 0.00 | 0.02 | - 0.( |
| | 관내사전투표 | | | | | | |
| | 선거일 투표 | | | | | | |
| 동 | 소계 | 0.05 | - 0.03 | - 0.01 | - 0.02 | 0.04 | - 0.( |
| | 관내사전투표 | | | | | | |
| | 선거일 투표 | | | | | | |
| 두동 | 소계 | 0.06 | - 0.04 | - 0.01 | - 0.01 | 0.02 | - 0.( |
| | 관내사전투표 | | | | | | |
| | 선거일 투표 | | | | | | |
| 운동 | 소계 | 0.07 | - 0.04 | - 0.01 | 0.00 | 0.02 | 0.( |
| | 관내사전투표 | | | | | | |
| | 선거일 투표 | | | | | | |
| 선1동 | 소계 | 0.09 | 0.07 | - 0.00 | 0.03 | 0.01 | 0.( |
| | 관내사전투표 | | | | | | |
| | 선거일 투표 | | | | | | |
| 선2동 | 소계 | 0.06 | - 0.04 | - 0.01 | - 0.01 | 0.03 | 0.( |
| | 관내사전투표 | | | | | | |
| | 선거일 투표 | | | | | | |
| 선동 | 소계 | 0.07 | - 0.06 | - 0.01 | 0.00 | 0.01 | 0.( |
| | 관내사전투표 | | | | | | |
| | 선거일 투표 | | | | | | |
| 북동 | 소계 | 0.09 | 0.07 | - 0.01 | 0.03 | 0.01 | 0.( |
| | 관내사전투표 | | | | | | |
| | 선거일 투표 | | | | | | |
| 꼭동 | 소계 | 0.09 | 0.07 | - 0.01 | 0.03 | 0.02 | - 0.( |
| | 관내사전투표 | | | | | | |
| | 선거일 투표 | | | | | | |
| 깨실동 | 소계 | 0.09 | 0.07 | - 0.01 | 0.03 | 0.01 | - 0.( |
| | 관내사전투표 | | | | | | |
| 곳 투입·구분된 | 선거일 투표 투표지 | 0.09 | 0.08 | - 0.01 | 0.04 | 0.02 | - 0.( |

표를 빼앗는 동 단위의 사전투표 조작은 다음과 같이 선명하게 드러났다. 이 같은 일이 수원 권선구는 물론이고 전국의 거의 모든 선거구에서 일어났다고 할 수 있다.

〈4-8〉은 동 단위의 사전투표 조작이 어떻게 일어났는가를 선명하게 보여주고 있다. 12개 동에서 단 한 곳도 예외가 없이 이재명의 차이값(사전-당일)은 플러스를 기록하고 있으며, 윤석열은 마이너스를 기록하고 있다.

이처럼 비정상적으로 큰 차이값은 사전투표 조작 없이는 가능한 일이 아니다. 사전투표 조작으로 인한 득표수 증감이 포함된 선거 데이터이기 때문에 조작값을 찾아낼 수 있었다. 발견된 조작값을 이용해서 조작이 일어나지 않는 상황을 가정한 후보별 진짜 사전투표 득표수를 복원할 수 있다. 이를 바탕으로 구한 진짜 차이값이 오른쪽 그래프이다. 수원 권선구 사전투표가 정상투표였다면 왼쪽이 아니라 오른쪽과 같은 차이값 그래프가 나왔어야 했다.

이왕 하는 조작이라면 더 화끈하게 했어야 했다. 15%를 하든, 20%를 하든, 25%를 하든 위법은 위법인 것이다. 그러니 이왕 할 것이면 조작값을 25%나 그 이상으로 끌어올렸어야 했다. 수원 권선구에서 조작값 15%를 적용했기 때문에 이재명은 6,463표를 더 얻는 데 그쳤다. 결과적으로 이동된 득표수 규모는 1만 2,926표였다.

그런데 10%를 추가해서 조작값을 25%로 끌어올리기만 해도 이재명은 1만 847표를 얻을 수 있고 이동된 득표수 규모는 2만 1,694표까지 늘릴 수 있었을 것이다. 조작값 10%, 15%, 25%가 크게 차이가 나지 않는 것처럼 보이지만, 투표자수가 큰 경우에는 사전투표 조작을 통해 확보할 수 있는 득표수 규모는 상당히 커진다.

경기도에서 더 조작할 수 있는 지역에서조차 15% 수준의 조작값을 입력한 것은 선거조작범들이 2022 대선 승리를 너무 안일하게 보지 않았는가라는 의심을 하게 된다. 그렇지 않고서야 그렇게 낮은 조작값을 입력할 수는 없는 일이다. 아마도 컴퓨터 게임이 끝나고 난 다음에서야 그들은 후회했을 것이다. '이왕 하는 것 좀 더 화끈하게 했어야 했는데.'

# 제5장

# 초강력 조작 지역 : 제주·세종, 대전, 서울

"2022 대선 조작 금메달 서울, 은메달 대전, 동메달 제주·세종! 사전투표 투표자수 기준 총조작값 서울 22.93%, 대전 19.25%, 제주· 세종 16.80%. 사전투표에 동원된 득표수 서 울 72만 6,000표, 대전 8만 5,000표, 제주· 세종 5만 2,000표. 이렇게 사전투표를 주물 렀는데도 불구하고 이재명 24만 7,077표로 윤석열에게 패배. 얼마나 사전투표를 조작했 으면, 결과가 이럴까!"

# 1

# 제주도 및 세종특별시

　　선관위는 제주·세종의 3개 선거구 모두에서 이재명이 승리한 것으로 발표하였다. 이들 지역에 사전투표 득표수 증감 작업이 있었기 때문이다. 선관위 발표 자료로부터 조작값을 찾아낸 다음 사전투표 조작을 수정하게 되면 1곳(제주시)에서만 이재명이 승리한다. 나머지 2곳은 윤석열 승리로 돌아선다. 윤석열은 사전투표 투표자수의 7.70%인 2만 4,930표를 빼앗겼다.

## 15%, 25% 조작값

　　제주특별자치도에 속하는 서귀포시의 조작값은 15%, 제주시의 조작값은 15%로 동일하다. 반면 세종특별자치시의 조작값은 25%이다. 선관위가 발표한 후보별 득표수가 모두 전산 프로그램에 입력된 조작값을 사용해서 '만들어진 숫자'임을 다시 확인하게 된다.

사전투표 조작을 위해 동원된 득표수는 서귀포시 7,804표, 제주시 1만 7,570표, 그리고 세종시 2만 8,980표이다. 각 선거구에서 사전투표 조작규모 가운데 절반은 윤석열과 심상정에게서 빼앗은 것이고, 나머지 절반은 빼앗은 것과 동일한 득표수를 전산적으로 이재명에게 밀어 넣어준 것이다. 빼앗은 득표수와 더해준 득표수를 모두 합산하면 〈5-1〉의 사전투표 조작규모가 나오게 된다.

세종시에 25%를 적용할 수 있다면 제주도를 구성하는 서귀포시와 제주시에서 얼마든지 25%를 적용할 수 있었을 것이다. 선거조작범들이 왜 세종시에 대해서는 25%를 적용하면서 제주시와 서귀포시에서는 15%로 낮은 값을 적용했는지 도무지 이해할 수 없다.

예를 들어 서귀포시의 경우 윤석열이 얻은 사전투표 득표수는 25% 조작을 견뎌내고도 겉으로 표시가 나지 않을 정도로 넉넉하게 큰 편이다. 윤석열의 선관위 발표 사전투표 득표수는 2만 4,265표나 됐다. 조작값 15%는 윤석열에게서 3,640표 빼앗는 것을 뜻한다. 너무 작은 규모다. 왜 이 정도만 훔쳤는지 도무지 이해할 수 없다. 25%

〈5-1〉 2022 대선(제주·세종), 사전투표 조작값과 조작규모

| 선거구 | 조작값<br>(사전투표 득표수 기준) | 사전투표 조작규모<br>(인위적으로 이동시킨 득표수) |
|---|---|---|
| 서귀포시 | 15% | 7,804표 |
| 제주시 | 15% | 17,570표 |
| 세종시 | 25% | 28,980표 |

까지 훔쳤더라면 윤석열에게서만 6,066표까지 가져갈 수 있었다. 심상정에게서 438까지 가져갈 수 있었을 것이다. 결과적으로 이재명은 추가적으로 6,504표를 얻었을 수 있었을 것이다. 조작값 15%일 때 이재명이 얻는 득표수는 3,902표, 조작값 25%일 때 이재명이 공짜로 얻는 득표수는 6,504표로 늘어난다. 호남 지역처럼 40%를 빼앗으면 어마어마한 표를 그냥 얻을 수 있다.

우리는 전산조작은 좌우대칭 관계라는 것을 기억할 필요가 있다. 한쪽에서 빼앗아서 다른 한쪽에 그만큼 더해주면 사전투표 조작규모는 빼앗은 득표수의 2배가 된다. 15% 조작값을 적용했을 경우와 25%를 적용했을 경우에 조작규모는 무려 5,204표로 늘어난다.

서귀포시 사전투표에서 얼마든지 손을 더 과감하게 댈 수 있었다. 이왕 할 거면 호남처럼 윤석열과 심상정에게서 40%씩 가져갈 수 있었을 것이다. 그럼에도 불구하고 그렇게 하지 않은 이유는 기술적인 어려움 때문이라고 보지 않는다. 선거에 손을 댄 사람들이 사전투표 참가율 급등에 따라 승리를 지나치게 낙관적으로 봤기 때문일 것이다.

여기서 중요한 것은 사전투표 조작규모는 조작값은 물론이고 사전투표 투표자수에 비례한다는 사실이다. 따라서 2022 대선처럼

〈5-2〉 15%, 25% 조작값 시나리오(제주 서귀포시)

| | 이재명 | 윤석열 | 심상정 | 사전투표 조작규모 |
|---|---|---|---|---|
| 발표 득표수 | 29,587 | 24,265 | 1,750 | |
| 15% 조작값 | +3,902 | -3,640 | -264 | 7,804 |
| 25% 조작값 | +6,504 | -6,066 | -438 | 13,008 |

이례적으로 사전투표에 참가하는 사전투표 투표자수가 늘어나게 되면 선거조작범들에게는 대박을 칠 수 있는 호시절이 열리는 셈이다. 그래서 선거사기범들은 너나없이 사전투표 독려에 목을 매는 것이다.

조작 대상 자체가 늘어나면 그만큼 선거 사기질이 쉬워지기 때문이다. 이런 간단한 조작 메커니즘을 알면서 선거사기범들의 부추김에 춤을 추는 자들도 있고, 모르면서 장단에 맞추는 자들도 많다. 아무튼 중요한 것은 사전투표 대상 인원을 대폭 늘리고 조작값을 늘리면, 선거를 이기는 일이 식은 죽 먹기보다야 좀 어렵겠지만 용이해지는 것이 사실이다. 아무튼 세종시의 조작값이 25%인데, 서귀포시와 제주시에서 조작값 15%를 입력해야 할 특별한 이유는 없다고 본다.

선거사기범들이 만약 나에게 조작 일감을 맡겼더라면, 나는 2020년 4·15 총선을 참조해서 30% 정도까지 조작값을 끌어올려서 이재명이 반드시 당선되도록 만들었을 것이다. 다음 총선이나 대선은 이번에 작업했던 사람들에게 일을 맡기지 말고, 나와 재야 전문가에게 선거사기 프로젝트를 발주하는 것이 어떤가 묻고 싶다. 싸게 해줄 수 있고 확실히 해줄 수 있기 때문이다. 주문자상표부착방식(OEM)처럼 발주자가 원하는 대로 선거 결과를 이번처럼 실수하지 않고 확실히 만들어줄 수도 있을 것이다.

2016 총선은 물론이고 2017 대선 이후 모든 공직선거에 대한 선거 데이터 분석 작업은 누구의 도움도 받지 않고 재야 전문가가 혼자서 했다. 일당백을 할 수 있고, 재야 전문가 혼자서 할 수 있기 때문에 의기투합할 수 있다면, 그는 싼값에 해줄 수도 있을 것이다. 뜻

이 맞으면 아예 공짜로 해줄 수도 있을 것이다. 물론 뜻이 맞는가 아닌가를 따져봐야 하겠지만 말이다.

## 서귀포시, 조작값을 찾아낸 것

선관위가 발표한 후보별 득표수라는 선거 데이터에서 조작값을 찾아낸 것은 무척 중요한 의미를 갖고 있다. 서귀포시뿐만 아니라 전국의 대부분 선거구에서 5%, 10%, 15%, 20%, 25% 등의 조작값을 찾아냈다는 것은 사전투표 득표수를 구성하는 전부 혹은 거의 대부분 후보별 득표수가 제조되었음을 뜻한다.

투표자들이 던진 득표수는 자연수이기 때문에 '만들어진 숫자'가 가진 특성을 갖고 있어선 안 된다. 바로 이 점이 2022 대선이 갖고 있는 치명적 결점이자 2017 대선 이후 문재인 정권 하에서 모든 공직선거가 가진 문제점이라고 할 수 있다. 선거 데이터를 만들었기 때문에 '만들어진 숫자'가 가진 특성들이 도처에서 나올 수밖에 없다.

재야 전문가의 분석 가운데 사전투표 득표율과 당일투표 득표율 비율을 구한 것이 있다. 서귀포시의 경우는 〈5-3〉과 같은 도표로 정리할 수 있다.

우선 '사전:당일 비율'을 살펴본다. 선거처럼 표본의 수가 큰 경우에는 통계학 대수의 법칙이 그래도 적용되어야 한다. 어느 후보든 사전투표 득표율과 당일투표 지지율이 거의 비슷해야 한다. 비슷해야 한다는 것은 '사전:당일 득표율 비율'이 1에 가까운 수가 되어야 함

⟨5-3⟩ 서귀포시, 사전투표 / 당일 득표율 비율

| | 선관위 발표 | | | 추정치, 수정 이후 | | |
|---|---|---|---|---|---|---|
| | 이재명 | 윤석열 | 심상정 | 이재명 | 윤석열 | 심상정 |
| 사전:당일 비율 | 1.14 | 0.91 | 0.95 | 0.99 | 1.05 | 1.09 |
| 사전투표 득표율 | 52% | 43% | 3% | 45% | 49% | 4% |
| 당일투표 득표율 | 46% | 48% | 3% | 46% | 48% | 3% |
| 차이(사전-당일) | +6% | −5% | 0% | −1% | +1% | 0% |

을 뜻한다. 달리 이야기하면, 사전투표와 당일투표의 투표자수가 거의 절반으로 나누어진 상황이라면 사전투표에서 100표를 얻은 후보는 당일투표에서는 100표 비슷한 득표수를 얻어야 한다.

그런데 선관위 발표 자료를 보면 체계적인 조작의 흔적을 찾아낼 수 있다. 서귀포시는 물론이고 전국 대부분 지역에서 '사전:당일 비율'이 이재명의 경우는 1을 넘어서고, 윤석열과 심상정은 1 이하의 값을 갖는다. 이재명에게 표를 더해주고, 나머지 후보에게서 표를 빼앗았기 때문이다.

거듭 강조하지만 차이(사전-당일)가 +6%, −5%처럼 큰 값은 나올 수 없다. 선관위 발표 후보별 득표수 자료가 심하게 오염되었음을 말해주고 있다. 선관위 발표 데이터에 포함된 후보별 사전투표 득표수 증가와 감소 작업을 원상 복귀시키고 나면 오른쪽 하단처럼 오차범위 내에 작은 값이 나오게 된다. 이처럼 숫자를 만지게 되면 도저히 숨길 수 없을 정도로 조작의 증거물들이 출현할 수밖에 없다.

앞에서도 언급한 바와 같이 선관위 발표 최종 결과에 따르면 사전투표에서는 3곳 모두에서 이재명이 승리했다. 그러나 서귀포시만 하더라도 선관위 발표는 이재명이 4,506표 차이로 앞선 선거였다고 한다. 그러나 사전투표 조작을 제거한 이후의 추정치는 윤석열이 3,037표 차이로 승리한 선거였다. 후보별 득표수 증감을 통해 조작값 15%(7,542표)가 이동한 선거였음을 확인할 수 있다. 절반은 윤석열과 심상정에게서 빼앗고, 빼앗은 것만큼을 이재명에게 더해준 선거였다.

## 지울 수 없는 흔적들

숫자를 만지면 만진 흔적들이 고스란히 남게 된다. 특히 제주도·세종시의 경우에는 선거구가 3곳밖에 되지 않기 때문에 시각적으로 좀 더 명확하게 조작된 선거 데이터와 조작되지 않은 선거 데이터를 비교할 수 있다(〈5-4〉).

왼쪽은 선관위 발표 후보별 득표수를 갖고 작성된 차이값(사전-당일 득표율)이다. 오른쪽은 선관위 자료에서 조작값을 찾아낸 다음에 이를 수정한 차이값이다. 즉 사전투표 조작을 통한 후보별 득표

〈5-4〉 2022 대선(제주·세종), 조작된 상태 vs 조작되지 않은 상태

수 증가와 감소 작업이 제거된 상태의 후보별 진짜 득표수에 기초한 차이값이다.

이재명은 3곳에서 +4.2%, +5.9%, +2.9%, 그리고 평균값 +4.3%를 기록하고 있다. 오차범위를 벗어난 정상투표에서 나올 수 없는 표본오차를 넘어선 차이값이다. 세종시의 이재명 차이값이 예상보다 작은 값인 것에 고개를 갸우뚱하는 사람들도 있겠지만, 이미 선관위 자료 분석을 통해 세종시의 경우 25%의 조작값이 적용되어 '만들어진 숫자'임이 밝혀졌다.

예를 들어 세종시의 경우 윤석열은 자신이 얻은 사전투표 득표수 5만 2,608표 가운데 25%(1만 3,152표)를 빼앗겼다. 심상정이 빼앗긴 25%(1,338표)도 그대로 이재명에게 더해지게 된다. 이재명이 공짜로 꿀꺽 삼킨 득표수는 1만 4,490표이다. 조작규모는 빼앗긴 표와 공짜로 먹어치운 표를 합친 2만 8,980표이다.

오른쪽의 조작되지 않은 상태의 차이값은 왼쪽과 크게 대조된다. 이재명의 차이값은 -2.2%, -1.0%, +2.9%이다. 반면 윤석열은 +2.7%, +1.5%, -1.8%이다.

첫째, 모두 오차범위 내의 차이값이다. 이재명과 윤석열 모두 사전투표 득표율과 당일투표 득표율이 비슷하다는 이야기다. 조직적으로 사전투표 득표수를 빼주고, 더해주는 일이 일어나지 않았다는 말이다.

둘째, 윤석열의 표를 빼앗아서 이재명에게 더해줄 때 일어나는 차이값의 좌우대칭 모양이 오른쪽 그래프에서는 전혀 관찰할 수 없다. 오히려 정상투표에서 예상되는 바와 같이 두 후보 모두 플러스와 마이너스 값이 함께 나타난다. 왼쪽은 '만들어진 숫자'이고 오른쪽은 자연수임을 다시 확인하게 된다.

　이렇게 선거 데이터를 만드는 나라가 되어버렸으니, 어떻게든 이 문제를 해결하고 넘어가야 할 것이다. 그럼에도 불구하고 나라가 돌아가는 모습을 보면 낙관론을 갖기 어려운 상황이 전개되고 있다. 선거사기범들에 맞서 문제 해결의 능력과 의무를 진 자들마저 권력의 꿀단지에 다들 머리를 처박은 모습이 역력하다. 다음에 무슨 일이 일어날지를 그들 안중에는 없다. 오직 한 번 더 해먹는 것에 관심이 있을 뿐이다.

# 2

# 대전광역시

선관위는 대전 5개 선거구의 사전투표에서는 이재명이 모두 승리한 것으로 발표하였다. 이들 지역에 사전투표 득표수 증감 작업이 있었기 때문이다. 사전투표 조작을 수정한 이후에 5곳 모두 윤석열의 승리로 결과가 역전된다. 윤석열은 대전에서 사전투표 투표자수의 9.01%에 해당하는 득표수 4만 1,125표를 빼앗겼다.

## 대전, 함부로 대하는 지역

서울은 투표자수가 압도적으로 많고, 선거의 판세를 결정하기 때문에 어느 공직선거에서든 선거조작범들이 심혈을 기울여 작업을 했다. 여기서 정성을 기울인다는 뜻은 조작값이 여타 지역보다는 높다는 것을 말한다. 선거에 관한 한 서울은 어느 공직선거에서든 이름값을 톡톡히 하는 명실상부한 특별시다.

그런데 서울을 제외하면 대부분 공직선거에서 대전광역시도 특별한 위치를 차지하고 있다. 이상하게 대전 전역에 대한 조작값을 2022 대선뿐만 아니라 총선에서도 전국 평균치를 기준으로 보면 무척 높았다. 4·15 총선에서도 대전은 조작값이 상당히 높은 수준이었다.

4·15 총선 당시 대전 동구의 경우 미래통합당 조작값 25%, 제3당 30%, 대전 중구 25%, 20%, 대전 서구갑 25%, 50%, 대전 서구을 30%, 50%, 대전 유성구갑 30%, 30%, 대전 유성구을 30%, 30%, 대전 대덕구 30%, 30%이다.

'이 양반들이 대전 사람들을 물로 보나'라는 생각이 들 정도로 대전의 조작값은 흥청망청 수준이다. 전산조작범들은 고민하지 않고 가볍게 작업을 수행하였다. 5개 선거구 모두에서 조작값 20%를 입력해서 선거 데이터를 만들어 발표하였다.

〈5-5〉 2022 대선(대전), 사전투표 조작값과 조작규모

| 선거구 | 조작값<br>(사전투표 득표수 기준) | 사전투표 조작규모<br>(인위적으로 이동시킨 득표수) |
|---|---|---|
| 대전 대덕구 | 20% | 9,896표 |
| 대전 동구 | 20% | 13,380표 |
| 대전 중구 | 20% | 14,186표 |
| 대전 유성구 | 20% | 21,400표 |
| 대전 서구 | 20% | 28,998표 |

대전 동구의 경우 사전투표 조작규모는 1만 3,380표나 된다. 이 가운데 절반인 6,690표는 윤석열과 심상정이 얻은 사전투표 득표수에서 20%씩을 빼앗은 것이다. 고스란히 이재명에게로 넘어갔다.

선거조작범들이 20%를 손쉽게 조작할 수 있었다면 이왕 하는 김에 대전 전 선거구에서 25%를 조작할 수 있었다. 마찬가지로 30%로 조작할 수도 있었을 것이다. 4·15 총선 당신에 대전 유성구 을과 대전 대덕구에서도 미래통합당 후보로부터 30%를 빼앗은 적이 있기 때문이다. 얼마든지 할 수 있는 일이었음에도 불구하고, 무슨 이유에서인지 하지 않았을 뿐이다.


## 대전 대덕구에서 일어난 일

대전 대덕구에는 20% 조작값을 적용해서 선거 데이터를 만졌다. 윤석열이 얻은 사전투표 득표수(2만 3,345표) 가운데 20%(4,669표)를 훔쳐서 이재명에게로 넘겼다. 심상정으로부터도 20%(279표)를 가져다가 이재명에게 더해주었다. 결과적으로 이재명은 사전투표에서 공짜로 4,948표를 얻었다.

이재명의 행운은 계속되는데, 정상투표였다면 사전투표 득표율이 42%에 달할 것으로 예상되었지만(예상 득표수) 사전투표 증감 작업으로 인해 일약 52%로 10%나 지지율이 급등하게 된다. 반대로 윤석열은 사전투표에서 득표수를 빼앗기는 입장이었기 때문에 정상투표였다면 52%로 예상된 사전투표 득표율이 44%로 무려 8%나 쪼그라들고 만다.

20대 대통령 대전 대덕구 사전투표 조작

| | 더불어민주당 이재명 | 국민의 힘 윤석열 | 정의당 심상정 | 기본소득당 오준호 | 국가혁명당 허경영 | 노동당 이백윤 | 새누리당 옥은호 | 신자유민주연합 김경재 | 우리공화당 조원진 |
|---|---|---|---|---|---|---|---|---|---|
| 1.발표득표수 | 27,559 | 23,345 | 1,393 | 42 | 462 | 23 | 8 | 7 | 25 |
| 득표율기준 | 0.52 | 0.44 | 0.03 | 0.00 | 0.01 | 0.00 | 0.00 | 0.00 | 0.00 |
| | 9.26% | 8.74% | 0.52% | 0.00% | 0.00% | 0.00% | 0.00% | 0.00% | 0.00% |
| 2.사전투표 조작수 | 4,948 | 4,669 | 279 | - | - | - | - | - | - |
| 사전투표선거인수 | | 20.0% | 20.0% | 0.0% | 0.0% | 0.0% | 0.0% | 0.0% | 0.0% |
| | | | | | | | | | |
| 3.예상 득표수 | 22,611 | 28,014 | 1,672 | 42 | 462 | 23 | 8 | 7 | 25 |
| 득표율 기준 | 0.42 | 0.52 | 0.03 | 0.00 | 0.01 | 0.00 | 0.00 | 0.00 | 0.00 |

'1. 발표 득표수'는 선관위가 발표한 후보별 득표수이고, '3. 예상 득표수'는 선관위 발표 후보별 득표수에서 찾아낸 규칙, 즉 조작값을 이용해서 정상투표를 복원한 득표수와 득표율이다.

대전대덕구에 대한 〈5-7〉은 '조작된 상태와 조작되지 않은 상태'를 상호 비교한 도표다. 도표에서 특별히 주목해야 하는 핵심 포인트는 다음과 같다.

첫째, '1. 2. 3'은 모두 선관위 발표 선거 데이터이다. '3. 4. 5'는 선관위 발표 선거 데이터에서 찾아낸 조작값을 활용해서 정상투표 득표수를 복원한 것이다. 당일투표 득표수나 득표율은 조작 대상이 아니기 때문에 조작 이후와 이전이 모두 동일하다(2번, 5번 참조).

둘째, 선관위 발표 선거 데이터에서 사전투표 득표율과 당일투표 득표율, 그리고 차이값을 상호 비교한다. 거부할 수 없는 조작 증거들을 확인할 수 있다. 예를 들어 대전 대덕구에서 이재명은 당일투표(2번)에서 43% 득표율을 기록했지만, 사전투표(1번)에서 52%로 급증하고 만다. 차이값(9%)은 표본 오차범위를 벗어난 엄청난 크

**〈5-7〉 2022 대선(대전 대덕구), 조작된 상태 vs 조작되지 않은 상태**

수정전.후 사전투표와 당일투표 차이

| | 더불어민주당 이재명 | 국민의 힘 윤석열 | 정의당 심상정 | 기본소득당 오준호 | 국가혁명당 허경영 | 노동당 이백윤 | 새누리당 옥은호 | 신자유인주연합 김경재 | 우리공화당 조원진 |
|---|---|---|---|---|---|---|---|---|---|
| 1.수정전 사전투표수 | 27,559 | 23,345 | 1,393 | 42 | 462 | 23 | 8 | 7 | 25 |
| 득표율 기준 | 0.52 | 0.44 | 0.03 | 0.00 | 0.01 | 0.00 | 0.00 | 0.00 | 0.00 |
| 2.수정전 당일투표수 | 26,557 | 31,814 | 1,748 | 54 | 796 | 14 | 10 | 18 | 71 |
| 득표율 기준 | 0.43 | 0.51 | 0.03 | 0.00 | 0.01 | 0.00 | 0.00 | 0.00 | 0.00 |
| 3.수정전 득표율 차이 | 0.09 | - 0.08 | - 0.00 | - 0.00 | - 0.00 | 0.00 | - 0.00 | - 0.00 | 0.00 |
| 합계 | 54,116 | 55,159 | 3,141 | 96 | 1,258 | 37 | 18 | 25 | 96 |
| 4.수정후 사전투표수 | 22,611 | 28,014 | 1,672 | 42 | 462 | 23 | 8 | 7 | 25 |
| 득표율 기준 | 0.42 | 0.52 | 0.03 | 0.00 | 0.01 | 0.00 | 0.00 | 0.00 | 0.00 |
| 5.수정후 당일투표수 | 26,557 | 31,814 | 1,748 | 54 | 796 | 14 | 10 | 18 | 71 |
| 득표율 기준 | 0.43 | 0.51 | 0.03 | 0.00 | 0.01 | 0.00 | 0.00 | 0.00 | 0.00 |
| 6.수정후 득표율 차이 | - 0.005 | 0.011 | 0.003 | - 0.000 | - 0.004 | 0.000 | - 0.000 | - 0.000 | 0.001 |
| 합계 | 49,168 | 59,828 | 3,420 | 96 | 1,258 | 37 | 18 | 25 | 96 |

수정후 득표율 차이는 " 0 "에 아주 가까우며 "3"를 넘

| 수정전 | 1,043 | 수정후 | 10,660 | - 45,749 | - 49,072 | - 47,910 | - 49,131 | - 49,150 | - 49,143 | - 49,072 |
|---|---|---|---|---|---|---|---|---|---|---|
| | | | 승 | 패 | 패 | 패 | 패 | 패 | 패 | 패 |

기다. 정상투표에서는 결코 나올 수 없는 사전투표 조작을 명확하게 증언하고 있다. 정상투표라면 당일투표에서 43%를 얻은 후보는 사전투표도 43%와 비슷한 결과가 나와야 한다. 훔친 사전투표 득표수를 왕창 집어 넣어주었기 때문에 이재명의 사전투표 득표율은 52%로 급등하게 된다.

셋째, 후보별 사전투표 조작규모를 확인할 수 있다. 1번(수정 전 사전투표수)과 4번(수정 후 사전투표수)을 비교하면 얼마나 표를 빼앗았는지, 얼마나 표를 더해주었는지를 파악할 수 있다.

예를 들어 윤석열은 1번 수정 전 사전투표수 2만 3,345표, 4번 수정 후 사전투표수 2만 8,014표이다. 사전투표 조작을 위한 득표수 증감 작업으로 4,669표를 빼앗겼다. 반면 이재명은 수정 전 사전투표수 2만 7,559표, 4번 수정 후 사전투표수 2만 2,611표이다. 득표수 증감 작업으로 4,948표가 더해졌음을 확인할 수 있다.

넷째, 총득표수 기준으로 선관위 발표와 사전투표 제거 이후의 추정치를 상호 비교할 수 있다. 3번 합계는 선관위 발표를, 6번 합계는 추정치를 말한다. 이재명은 사전투표 조작이 없었다면 4만 9,168표(6번 합계 참조)를 얻을 수 있었다. 그런데 사전투표 조작으로 인해 5만 4,116표(3번 합계 참조)를 얻었다. 바로 이 자료를 선관위가 발표한 것이다.

다섯째, 윤석열과 이재명의 득표수 격차를 확인할 수 있다(6번 하단의 수정 전, 수정 후 참조). 선관위는 대전 대덕구에서 총득표수 기준으로 이재명 5만 4,116표, 윤석열 5만 5,159표를 얻었다고 공식적으로 최종 발표하였다(3번 합계 참조). 그런데 실제로 사전투표 증감 작업을 수정하고 나면 이재명 4만 9,168표, 윤석열 5만 9,828표로 윤석열이 1만 660표 차이로 승리하였다(6번 합계 참조). 윤석열이 크게 승리한 선거를 근소한 차이로 승리한 선거로 결정한 근거가 선관위 발표 후보별 득표수이다. 기가 차고 말문이 막히는 이야기다!


## 그들이 남기고 떠난 것들

제주도·세종시의 경우도 선거구가 3군데밖에 되지 않기 때문에 차이값(사전-당일) 그래프가 선명하다. 그만큼 사전투표 조작 실태를 한눈에 파악할 수 있었다. 그런데 대전의 5군데 선거를 담은 차이값 그래프는 극적으로 사전투표 조작 상황을 말해주고 있다. 특히 대전의 경우는 초강력 조작이 실행에 옮겨졌기 때문에 더더욱 조작 이후와 이전이 대조적이다.

| | 2020 39대선 대전 총투표수 조작 구별 총투표수 평균 | | | | 2020 39대선 대전 총투표수 수정 구별 총투표수 평균 | | |
|---|---|---|---|---|---|---|---|
| | 더불어민주당 | 국민의 힘 | 정의당 | | 더불어민주당 | 국민의 힘 | 정의당 |
| | 이재명 | 윤석열 | 심상정 | | 이재명 | 윤석열 | 심상정 |
| 동구 | | 0.080 | 0.002 | - | 0.005 | 0.010 | 0.003 |
| 중구 | | 0.082 | 0.002 | - | 0.007 | 0.012 | 0.003 |
| 서구 | | 0.073 | 0.002 | - | 0.018 | 0.018 | 0.006 |
| 유성구 | | 0.083 | 0.003 | - | 0.003 | 0.005 | 0.002 |
| 대덕구 | | 0.076 | 0.002 | - | 0.005 | 0.011 | 0.003 |
| 평균값 | 0.088 - | 0.079 - | 0.002 | - | 0.008 | 0.011 | 0.003 |

왼쪽은 선관위 발표 후보별 득표수에 바탕을 두고 작성된 차이값 그래프다. 이재명 +9%, +9.1%, +8.2%, +9.1%, +8.7%, 평균값 +8.8%이다. "참으로 대단한 사람들이다"라는 탄성이 절로 나오지 않을 수 없다. 선관위가 발표한 후보별 득표수에 고스란히 사전투표 득표수를 더한 행위가 담겨 있음을 말해주고 있다. 달리 이야기하면 선거조작범들이 선관위 발표 선거 데이터를 생산 및 제조했다는 이야기다. 대한민국의 공직선거 데이터가 모두 조작이 되었다는 증거치고 이보다 더 생생한 것이 있을까 싶다.

윤석열의 차이값은 -8%, -8.2%, -7.3%, -8.3%, -7.6%, 평균값 -7.9%이다. 사전투표 조작을 위해 활용된 사전투표 득표수 증감 작업에서 5군데 선거구에서 모두 윤석열이 표를 빼앗겼음을 알 수 있다. 사전투표 투표자수 기준으로 이 정도 퍼센트로 표를 빼앗긴 셈이다.

이재명, 윤석열, 심상정의 차이값을 합산하면 사전투표 조작을 위해 이동된 득표수를 가늠해볼 수 있다. 대략적으로 사전투표 투표자수의 최소 16.2%에서 최대 17.6%에 달하는 득표수만큼이 강제로 이동되었음을 확인할 수 있다.

오른쪽 그래프는 선관위 발표 후보별 득표수에서 찾아낸 조작값을 활용해서 사전투표 조작이 일어나기 이전 상태의 득표수를 복원한 다음, 이를 기초로 차이값 그래프가 정리된 상태다. 정상투표는 이렇게 차이값 그래프가 나와야 한다. 후보별 진짜 득표수가 손을 대지 않은 자연수이기 때문에 가능한 그래프다.

# 3

# 서울특별시

이재명은 서울의 25개 선거구 가운데서 무려 21곳의 사전투표에서 승리를 거두었다. 선관위의 공식 데이터가 말하는 바다. 윤석열이 당일투표에서 모든 곳에서 승리를 거두었음에도 불구하고 선관위의 발표는 도무지 믿을 수 없다. 이른바 당일에는 윤석열을 찍고, 사전에서는 이재명을 찍는 어처구니없는 일이 서울 전 지역에서 발생했다는 것이 선관위 자료가 의미하는 바다. 선관위 선거 데이터에서 찾아낸 조작값을 활용한 추정치는 선관위 발표를 정면으로 뒤집는다. 윤석열이 사전투표에서도 당일투표와 마찬가지로 25개 선거구에서 모두 승리를 거두었다. 전방위적이고 무자비한 사전투표 조작이 서울 지역에서 행해졌음을 확인할 수 있다.

## 강남3구를 제외하고 모두 25% 조작값

서울은 특별시답게 2022 대선에서도 특별함을 유감없이 발휘한다. 강남3구(서초구, 강남구, 송파구)만 20% 조작값을 활용하였을 뿐, 21개 선거구에서 조작값 25%를 적용했다. 쉽게 이야기하면 윤석열과 심상정이 얻은 사전투표지 100장 가운데 25장을 이재명에게 돌려버리는 일이 일어났다. 이를 가능하도록 만들어진 전산 프로그램에 입력값인 변수를 활용해서 이런 일을 했다.

2020년 총선에서도 가장 조작이 심했던 서울 선거구는 종로구였는데, 2022 대선에서도 마찬가지다. 조작값 30%가 종로구에 적용되었다. 종로구에서는 조작값 30%를 입력해서 1만 5,136표를 이동시켰다. 이 가운데 절반인 7,568표를 윤석열과 심상정이 얻은 사전투표 득표수에서 훔치고, 같은 수만큼을 이재명에게 공짜로 넘기는 방식을 사용하였다. 이렇게 해서 만들어진 후보별 득표수가 바로 선관위가 발표한 선거 데이터다. 선거라는 것이 마땅히 투표자들이 던진 표를 합산해서 최종 결과를 산출해야 하는 것인데, 엉뚱하게 득표수를 만들어낸 것이 밝혀지고 말았다. 조작값이 이를 말해주고 있다.

흥미로운 것은 종로구에서 조작값을 30%로 결정하고 입력하였다면 서울의 다른 구에서도 모두 30%로 결정하여 사용할 수 있었다는 이야기다. 기술적으로는 조작값을 올리는 일이 얼마든지 가능한 일이기 때문이다. 30% 이상도 올릴 수 있었다. 이런 면에서 보면 2022 대선에서 선거조작범들은 이재명 승리를 너무 낙관하였다는 판단을 하지 않을 수 없다.

## ⟨5-9⟩ 2022 대선(서울), 사전투표 조작값과 조작규모

| 선거구 | 조작값<br>(사전투표 득표수 기준) | 사전투표 조작규모<br>(인위적으로 이동시킨 득표수) |
|---|---|---|
| 20%(3개 지역) | | |
| 서초구 | 20% | 31,566표 |
| 강남구 | 20% | 40,350표 |
| 송파구 | 20% | 47,436표 |
| 25%(21개 지역) | | |
| 중구 | 25% | 10,408표 |
| 금천구 | 25% | 15,490표 |
| 용산구 | 25% | 20,740표 |
| 강북구 | 25% | 20,824표 |
| 도봉구 | 25% | 22,068표 |
| 서대문구 | 25% | 23,692표 |
| 성동구 | 25% | 24,250표 |
| 중랑구 | 25% | 27,662표 |
| 마포구 | 25% | 29,322표 |
| 영등포구 | 25% | 30,624표 |
| 성북구 | 25% | 32,918표 |
| 동작구 | 25% | 33,888표 |
| 은평구 | 25% | 34,376표 |
| 양천구 | 25% | 34,490표 |
| 노원구 | 25% | 36,612표 |
| 관악구 | 25% | 37,604표 |
| 강서구 | 25% | 41,220표 |
| 구로구 | 25% | 27,782표 |
| 동대문구 | 25% | 25,054표 |
| 광진구 | 25% | 26,740표 |
| 강동구 | 25% | 37,032표 |
| 30%(1개 지역) | | |
| 종로구 | 30% | 15,136표 |

예를 들어 서울 전 지역에서 조작값 30%를 적용했다면 어떤 일이 일어났을까? 성동구 사례를 살펴본다. 성동구에서 윤석열의 사전투표 득표수는 4만 6,081표였다. 25%를 빼앗았을 때는 1만 1,520표인 데 반해 30%를 빼앗으면 1만 3,824표로 늘어나게 된다. 심상정에게서도 30%를 빼앗으면 605표에서 726표로 늘어난다. 결과적으로 조작값 30%에서 이재명에게 넘어가는 득표수는 25%(1만 2,125표)에서 30%(1만 4,550표)로 늘어나게 된다.

빼앗는 표만큼 이재명의 얻는 표가 늘어나기 때문에 조작값 20%에서 총조작규모 2만 4,250표는 30%에서 3만 552표로 늘어나게 된다. 선거조작범들은 성동구에서만 6,302표를 더 확보할 수 있게 된다.

우리가 기억해야 할 것은 선관위 공식 데이터에 따르면 윤석열이 불과 24만 7,077표로 승리했다는 사실이다. 서울에서 좀 더 과감하게 조작값 30%를 사용했더라면 승부를 뒤집는 것은 크게 문제가 없었을 것으로 본다. 물론 다른 지역에서 조금 더 표를 가져와야겠지만 말이다.

## 조작값, 얼마든지 더 올릴 수 있었는데

인구가 아주 적은 선거구라면 모를까, 서울은 얼마든지 더 조작할 수 있었다. 예를 들어 2020년 4·15 총선에서 서울 종로구에서는 이낙연과 황교안이 맞붙었다. 당시에 유력한 차기 대권 후보였던 이낙연 후보를 당선시켜야 하는 것은 절대적으로 필요한 일이었다. 누

## 〈5-10〉 2020 총선(서울 종로구), 45% 조작값

21대 총선 서울 종로구 사전투표 조작

|  | 더불어민주당 | 미래통합당 | 우리공화당 | 민중당 | 가자!평화인권당 | 공화당 | 국가혁명배당금당 | 국민새정당 | 민중민주당 | 한나라당 | 무소속 |
|---|---|---|---|---|---|---|---|---|---|---|---|
|  | 이낙연 | 황교안 | 한인호 | 오인환 | 이정희 | 신동욱 | 박광명 | 백병찬 | 박소현 | 김형석 | 김길덕 |
| 1.발표득표수 | 30,932 | 15,107 | 125 | 131 | 54 | 26 | 89 | 32 | 28 | 29 | 113 |
| 득표율기준 | 0.64 | 0.31 | 0.00 | 0.00 | 0.00 | 0.00 | 0.00 | 0.00 | 0.00 | 0.00 | 0.00 |
|  |  | 14.14% | 0.12% | 0.12% | 0.05% | 0.02% | 0.08% | 0.03% | 0.03% | 0.03% | 0.11% |
| 2.사전투표 조작수 | 7,080 | 6,798 | 56 | 59 | 24 | 12 | 40 | 14 | 13 | 13 | 51 |
| 사전투표 선거인수 |  | 45.0% | 45.0% | 45.0% | 45.0% | 45.0% | 45.0% | 45.0% | 45.0% | 45.0% | 45.0% |
| 3.예상득표수 | 23,852 | 21,905 | 181 | 190 | 78 | 38 | 129 | 46 | 41 | 42 | 164 |
| 득표율기준 | 0.50 | 0.46 | 0.00 | 0.00 | 0.00 | 0.00 | 0.00 | 0.00 | 0.00 | 0.00 | 0.00 |

군가를 꼭 당선시켜야 한다면 선거를 조작하는 사람의 입장에서는 다소 무리한 방법을 사용하게 된다. 여기서 무리한 방법이라 함은 어떤 경우에서도 특정 후보가 반드시 승리하도록 확실히 조작하는 것을 말한다. 만에 하나라도 실패하지 않도록 조작값을 확실히 올려버리면 된다.

놀랍게도 2020년 4·15 총선의 종로구 조작값은 무려 45%였다. 그것도 황교안이 얻은 사전투표 득표수에서만 표를 훔친 것이 아니었다. 군소정당 후보 9명이 얻은 얼마 되지 않는 사전투표 득표수까지 죄다 45%를 이낙연에게 넘겨주는 전산 프로그램을 가동하였다.

얼마나 심하게 조작을 했는가 하면, 공화당(신동욱)은 사전투표 득표수가 불과 26표인데도 불구하고 45%(12표)를 훔쳤다. 국민새정당(백병찬)의 경우도 사전투표 득표수가 32표인데도 불구하고 45%(14표)를 이낙연에게 넘기고 말았다. 2020 총선의 종로구 조작값 45%는 대단히 중요한 의미를 갖고 있다. 기술적으로 25%에서 45%까지, 그리고 45% 이상까지도 조작값을 높이는 일은 불가능하지 않다는 사실이다.

2022 대선 전산조작의 핵심 관계자는 여러 명이 아닐 것이다. 한 두 사람이 대부분을 진행했을 것으로 본다. 그 인물 혹은 인물들이 2020 총선 조작도 담당했을 것으로 본다. 세상에 전산 담당자들은 많지만 믿고 맡길 수 있는 사람은 여러 명이 될 수 없다. 2020년 총 선에서 45%까지 조작값을 올린 경험을 갖고 있었을 것이다. 그렇다 면 당연히 2022 대선에서 서울 전역에 25%가 아니라 30% 이상을 올릴 수 있었다는 이야기다.

2020년 4·15 총선에서 서울의 다른 지역은 어떤가? 강북구갑에 서는 미래통합당 30%, 민중당 30%였다. 민주당 박용진이 당선되었 던 강북구을에서는 미래통합당 30%, 국가혁명배당금당 30%였다. 민주당 이인영이 당선되었던 구로구갑에서도 미래통합당 30%, 정의 당 30%였다. 대체로 4·15 총선에서는 30%가 기본 조작값이었다.

그런데 왜 전산조작범은 투표자수가 많은 강남3구에서는 20% 로 낮추고, 서울의 21개 지역에서는 조작값 25%를 적용시켰을까? 방심 외에는 별다른 이유가 있을 것 같지 않다. 서울은 투표자수가 많기 때문에 선거조작범들에겐 노다지와 같은 곳이다. 이런 데서 더 많이 훔쳤어야 했다. 방심, 방심, 또 방심이 그들의 실책을 가져오고 말았다고 본다. 이렇게 글로 3·9 대선 전산조작을 정리하면서, 글 을 쓰는 나 또한 이런 탄성이 절로 흘러나온다. "어떻게 일을 이렇게 처리하나. 화끈하게 조작값을 더 올렸어야지! 그러면 이재명 당선은 따놓은 것이나 다르지 않았는데!"

## 화끈한 조작 지역다운 차이값 그래프

서울의 차이값(사전-당일) 그래프는 선명하다. 초강력 지역 가운데서도 금메달 수상 지역답게 조작을 가장 화끈하게 했기 때문이다. 조작이 화끈하다는 이야기는 사전투표 득표수를 더 많이 빼앗고, 더 많이 집어 넣어주었다는 말이다.

자연스럽게 뚱뚱한 차이값 그래프가 나오게 된다. 아무리 봐도 지겹지 않은 것이 왼쪽에 있는 차이값 그래프다. 사전투표 조작을 하지 않으면 도저히 나올 수 없는 차이값 그래프다. 모든 증거물을

**〈5-11〉 2022 대선(서울), 조작된 상태 vs 조작되지 않은 상태**

| 구 | 2020 39대선 서울 총투표수 조작 구별 총투표수 평균 | | | 2020 39대선 서울 총투표수 수정 구별 총투표수 평균 | | |
|---|---|---|---|---|---|---|
| | 더불어민주당 이재명 | 국민의 힘 윤석열 | 정의당 심상정 | 더불어민주당 이재명 | 국민의 힘 윤석열 | 정의당 심상정 |
| 종로구 | 0.125 | 0.121 | 0.006 | 0.004 | 0.009 | 0.003 |
| 중구 | 0.114 | 0.104 | 0.004 | 0.006 | 0.010 | 0.003 |
| 성동구 | 0.105 | 0.095 | 0.004 | 0.019 | 0.024 | 0.002 |
| 용산구 | 0.122 | 0.112 | 0.003 | 0.011 | 0.015 | 0.003 |
| 광진구 | 0.118 | 0.107 | 0.004 | 0.004 | 0.000 | 0.003 |
| 동대문구 | 0.102 | 0.094 | 0.002 | 0.013 | 0.015 | 0.004 |
| 중랑구 | 0.100 | 0.087 | 0.004 | 0.009 | 0.015 | 0.002 |
| 성북구 | 0.110 | 0.099 | 0.005 | 0.000 | 0.004 | 0.003 |
| 강북구 | 0.102 | 0.088 | 0.005 | 0.002 | 0.010 | 0.001 |
| 도봉구 | 0.107 | 0.092 | 0.007 | 0.002 | 0.011 | 0.002 |
| 노원구 | 0.097 | 0.085 | 0.007 | 0.015 | 0.021 | 0.000 |
| 은평구 | 0.111 | 0.090 | 0.006 | 0.006 | 0.010 | 0.000 |
| 서대문구 | 0.107 | 0.094 | 0.005 | 0.007 | 0.012 | 0.002 |
| 마포구 | 0.112 | 0.102 | 0.004 | 0.005 | 0.006 | 0.005 |
| 양천구 | 0.112 | 0.100 | 0.005 | 0.005 | 0.011 | 0.001 |
| 강서구 | 0.105 | 0.094 | 0.005 | 0.004 | 0.010 | 0.001 |
| 구로구 | 0.115 | 0.106 | 0.004 | 0.007 | 0.004 | 0.002 |
| 금천구 | 0.099 | 0.089 | 0.003 | 0.006 | 0.010 | 0.004 |
| 영등포구 | 0.115 | 0.107 | 0.002 | 0.006 | 0.007 | 0.005 |
| 동작구 | 0.114 | 0.104 | 0.003 | 0.006 | 0.009 | 0.003 |
| 관악구 | 0.107 | 0.093 | 0.003 | 0.001 | 0.004 | 0.004 |
| 서초구 | 0.115 | 0.111 | 0.002 | 0.005 | 0.006 | 0.002 |
| 강남구 | 0.118 | 0.112 | 0.003 | 0.008 | 0.009 | 0.002 |
| 송파구 | 0.110 | 0.101 | 0.003 | 0.003 | 0.004 | 0.002 |
| 강동구 | 0.116 | 0.095 | 0.005 | 0.016 | 0.021 | 0.001 |
| 평균값 | 0.110 | 0.099 | 0.004 | 0.006 | 0.010 | 0.002 |

인멸해버려도 그들이 득표수에 남긴 범죄 행각은 이렇게 고스란히 남아 있게 된다.

차이값 평균치도 전국 최고치다. 이재명 +11%, 윤석열 –9.9%, 심상정 –4%이다. 윤석열과 심상정에게서 사전투표 득표수를 빼앗아 이재명에게 더해준 것이 이렇게 남게 되었다. 선거구별 자료이지만, 구에 속한 동 단위를 합산한 것이고, 한 걸음 더 나아가 동에 속하는 투표소 단위를 합산한 값이다.

이런 선거 데이터를 놓고 입을 다무는 것은 그가 서울대 법대를 나와 검찰총장을 했건, 그가 서울대 법대를 나와 4선 의원을 하고 장관을 했건, 그가 서울대 법대를 나와 광역시장을 지내고 원내대표를 지냈던, 그가 고려대 법대를 나와서 당대표를 지냈건 모두 다 헛일이 되고 만다. 한 단어로 모이게 된다. 양심 불량자들이다. 부정선거에 적극적으로 가담하지는 않았지만, 궁극적으로 협력한 자라는 오해로부터 결코 자유로울 수 없다.

왼쪽의 중앙선관위 발표 선거 데이터에서 작성한 차이값 그래프는 오른쪽의 사전투표 조작이 없는 상태로 거의 완전하게 복원이 가능하다. 그렇게 복원된 후보별 득표수를 갖고 작성된 진짜 차이값 그래프를 보라. 초등학생들일지라도 사전투표 증감 작업을 하지 않으면 차이값 그래프가 어떤 모습인지, 그리고 후보별 진짜 득표수가 어떤 것인지를 알 수 있다.

더욱 기막힌 일은 사전투표가 없는 상태로부터 사전투표가 일어난 상태의 후보별 득표수의 복원이 얼마든지 가능하다는 것이다. 선관위의 후보별 득표수를 복원할 수 있다는 것은 곧바로 그 자료가 모두 만들어진 자료임을 뜻한다. 후보별 득표수를 제조해서 대통령

도 결정하고, 도지사도 결정하고, 구청장·시장·군수·교육감을 결정
하는 그런 어처구니없는 시대를 살게 되었다. 더 기막힌 일은 그것
을 인지한 상태로 다들 쉬쉬하고 폼 잡고 온갖 좋은 헛소리를 다 하
고 다니는 세상이 되었다는 것이다.

# 제6장

# 실패한 조작 지역 : 경북, 대구

"2022 대선의 최대 이변 지역은 경북이다. 조작을 아예 하지 않은 선거구가 다수 나타 났을 뿐만 아니라 조작 정도가 형편없이 낮 았다는 사실이다. 보수 강세 지역인 경북은 윤석열 사전투표 득표수를 가져가서 이재명 에게 더해주기에는 안성맞춤 지역이었다. 보 수의 아성인 대구도 마찬가지다. 낮은 조작 값은 도무지 납득할 수 없는 일이다. 선거를 만지는 사람들은 두 지역에서 털어놓을 수 없는 사연이 있었던 것 같다."

# 1

# 경상북도

윤석열이 경북에서 얻은 사전투표 득표수는 67만 204표나 된다. 그런데 빼앗긴 득표수는 고작 2.31%(2만 1,804표)에 불과하다. 사전투표 투표자수에서 사전투표 조작에 동원된 득표수도 4만 4,882표로, 총조작값 4·75%에 지나지 않는다. 2022 대선 전국의 총조작값 평균치가 14.62%인 점을 염두에 두면 이례적으로 낮다. 윤석열의 사전투표 득표수가 보잘것없는 전남, 전북, 광주에서조차 사전투표 조작을 위해 6만~7만 표 정도를 이동시켰는데, 경북에서 고작 4만 4,000표라는 것은 믿을 수 없다. 경상북도에서는 거의 조작이 일어나지 않았다고 볼 수 있다. 이변 중에 최대의 이변!

## 9개 선거구, 조작 흔적 없어

"개표하는 동안 그 사람들이 잠시 졸기라도 했나?" 놀랍게도 경북에서 사전투표 조작 흔적이 전혀 보이지 않는 선거구가 무려 9개 지역이 나왔다. 득표수를 더하고 빼는 작업을 전혀 하지 않았다는 이야기다. 여기서 사전투표 조작 흔적이 없다는 이야기는 조작값이 0%라는 이야기다. 선관위가 발표한 후보별 득표수에서 사전투표 조작을 위해 득표수 증가와 감소 작업의 흔적이 전혀 남아 있지 않는 경우를 말한다.

이는 재야 전문가 분석 작업에서 사전투표 조작 이전과 이후에 어떤 특이사항이 발견되지 않았다는 것을 뜻한다. 한마디로 후보별 사전투표 득표수에 손을 대지 않았기 때문에 득표수 자체가 자연수라는 이야기다.

포항시 북구·남구, 경주시, 예천군, 성주군, 영양군, 의성군, 영덕군, 울진군이 사전투표 조작 청정지역에 해당한다. 우리는 이미 강원도 동해시의 선거 데이터에서도 어떤 조작의 흔적도 찾아낼 수가 없었다. 결과적으로 2022 대선에서 조작을 전혀 하지 않는 선거구가 모두 10개 나왔다.

그 밖에 특이사항은 경북의 14개 선거구에서는 거의 무시할 수준의 조작이 이루어졌다는 사실이다. 14개 지역에서 조작값은 그야말로 형편없이 낮은 수준인 5%이다. 오로지 안동시만 예외로 10% 조작값을 기록하고 있다. 이마저도 전국 평균에 비하면 턱없이 낮은 수준이다.

아무튼 경북과 전국의 선거 데이터를 비교하면 경북 지역에서 이

## 〈6-1〉 2022 대선(경북), 사전투표 조작값과 조작규모

| 선거구 | 조작값 (사전투표 득표수 기준) | 사전투표 조작규모 (인위적으로 이동시킨 득표수) |
|---|---|---|
| 0%(9개 지역) | | |
| 포항시 북구 | 0% | 없음 |
| 포항시 남구 | 0% | 없음 |
| 경주시 | 0% | 없음 |
| 예천군 | 0% | 없음 |
| 성주군 | 0% | 없음 |
| 영양군 | 0% | 없음 |
| 의성군 | 0% | 없음 |
| 영덕군 | 0% | 없음 |
| 울진군 | 0% | 없음 |
| 5%(14개 지역) | | |
| 울릉군 | 5% | 308표 |
| 청송군 | 5% | 866표 |
| 군위군 | 5% | 944표 |
| 봉화군 | 5% | 984표 |
| 고령군 | 5% | 998표 |
| 청도군 | 5% | 1,270표 |
| 문경시 | 5% | 2,364표 |
| 칠곡군 | 5% | 2,452표 |
| 영천시 | 5% | 2,780표 |
| 영주시 | 5% | 2,914표 |
| 상주시 | 5% | 3,220표 |
| 김천시 | 5% | 4,290표 |
| 경산시 | 5% | 5,650표 |
| 구미시 | 5% | 8,012표 |
| 10%(1개 지역) | | |
| 안동시 | 10% | 7,832표 |

례적으로 낮은 5% 조작값 적용 지역이 14개나 나오고, 아예 조작이 없는 지역 9개가 나온 것은 선거조작범들이 계획한 것은 아니라도 본다. 그들의 계획대로 경북 지역에서 작업이 제대로 진행되지 않았음을 뜻한다.

## 경주시에서 일어난 일

사전투표에 손을 대지 않으면 선거구의 후보별 득표수 자료에는 어떤 특이점이 관찰되는가? 사전투표에 손을 대지 않는 선거구는 비정상투표가 행해진 다른 선거구를 찾아내는 데 도움이 된다. 정상투표를 기준으로 해서 비정상을 판단하면 선거사기 발생 여부를 쉽게 판단할 수 있다. 2020년 4·15 총선에서는 호남 지역의 상당 선거구에서 정상투표가 이뤄졌다. 그래서 4·15 총선 전국 대부분 지역의 선거사기 상태를 손쉽게 판단할 수 있었다. 마찬가지로 2016 총선은 대부분 정상투표였기 때문에 이 역시 기준으로 활용할 수 있다.

2022 대선의 부정선거 판단 여부는 강원도 동해시와 경상북도 포항시 북구·남구, 경주시 등 9개 지역이 기준점이 될 수 있다. 우선 경주시를 살펴본다. 선관위 발표 후보별 득표수를 분석한 재야 전문가는 다음과 같은 분석 결과를 제시한다.

〈6-2〉의 '2. 사전투표 조작수' 항목은 모든 후보의 조작값이 0%임을 확인시켜준다. 이는 선관위 발표 후보별 득표수에서 사전투표 조작의 결정적인 증거물에 해당하는 후보별 득표수 사이에 어떤 규

20대 대통령 경북 경주시 사전투표 조작

| | 더불어민주당 | 국민의 힘 | 정의당 | 기본소득당 | 국가혁명당 | 노둥당 | 새누리당 | 신자유민주연합 | 우리공화당 |
|---|---|---|---|---|---|---|---|---|---|
| | 이재명 | 윤석열 | 심상정 | 오준호 | 허경영 | 이백윤 | 옥은호 | 김경재 | 조원진 |
| 1.발표득표수 | 25,742 | 69,391 | 1,833 | 46 | 819 | 45 | 15 | 23 | 85 |
| 득표율기준 | 0.26 | 0.70 | 0.02 | 0.00 | 0.01 | 0.00 | 0.00 | 0.00 | 0.00 |
| | 0.00% | 0.00% | 0.00% | 0.00% | 0.00% | 0.00% | 0.00% | 0.00% | 0.00% |
| 2.사전투표 조작수 | - | - | - | - | - | - | - | - | - |
| 사전투표선거인수 | | 0.0% | 0.0% | 0.0% | 0.0% | 0.0% | 0.0% | 0.0% | 0.0% |
| 3.예상 득표수 | 25,742 | 69,391 | 1,833 | 46 | 819 | 45 | 15 | 23 | 85 |
| 득표율 기준 | 0.26 | 0.70 | 0.02 | 0.00 | 0.01 | 0.00 | 0.00 | 0.00 | 0.00 |

칙이나 패턴을 찾아낼 수 없었다는 이야기다. 투표자들이 던진 득표수를 합산해서 선관위가 발표했기 때문에 사전투표 득표수 증감과 같은 인위적이고 불법적인 작업이 없었음을 말하고 있다고 할 수 있다. 지금까지 여러 선거구에서는 선거 데이터 생산을 위해 입력된 조작값의 크게 따라 5%, 10%, 15%, 25% 등 다양한 조작값을 찾아낼 수 있었다.

재야 전문가의 작업 보고서에서 확인할 수 있는 또 다른 증거물이 있다. 사전투표 조작이 이루어진 상태의 선거 데이터는 뚜렷한 특징을 갖고 있다. 후보별 사전투표 득표율과 당일투표 득표율 사이에 이례적으로 큰 차이가 있다는 사실이다. 여기서부터 후보별 득표수 사이에 존재하는 규칙을 찾아내기 위한 작업이 시작된다. 그런데 경주시의 선관위 발표 후보별 득표수에는 처음부터 차이값이 오차 범위 내에 위치해 있었다는 점이다.

〈6-3〉은 선관위 발표 자료에서 확인한 후보별 사전투표 득표율, 당일투표 득표율, 그리고 차이값이다. B(윤석열), C(심상정)의 사전투

| 0.26 | 0.71 | 0.02 | 0.00 | 0.01 | 0.00 | 0.00 |
|---|---|---|---|---|---|---|
| 0.23 | 0.73 | 0.02 | 0.00 | 0.01 | 0.00 | 0.00 |
| 0.029 - | 0.020 - | 0.002 | 0.000 - | 0.005 | 0.000 - | 0.000 |

| A | B+C+D+E+F+G+H+I+J+K+L+M+N+O+P |
|---|---|
| 0.02865 | -0.02865 |

표 득표수를 일정 부분 빼앗아서 A(이재명)에게로 넘기는 방식으로 전산조작이 행해진다. 첫 번째 칼럼을 보면 이재명 사전투표 득표율 26%, 당일투표 득표율 23%, 차이값 +2.865%이다. 두 번째 칼럼을 보면 윤석열 사전투표 득표율 71%, 당일투표 득표율 73%, 차이값 -2.865%이다. 모두 오차범위 내에 있는 작은 값들이다.

선관위 발표 후보별 득표수가 지극히 정상적인 투표의 결과물임을 확인시켜준다. 다양한 조작값 후보들을 입력하면서 경주시의 선거 데이터를 만들어내는 데 사용되었을 최적의 조작값을 찾는 컴퓨터 작업을 수행할 필요가 없음을 말한다.


## 경주시, 조작이 없으면 달라

한편 경주시의 0% 조작값을 다른 관점으로 이해할 수 있다. 〈6-4〉는 경주시 관외사전투표, 재외투표, 동별 관내사전투표를 보여주고 있다. 특히 관내사전투표의 경우에는 21개 동 가운데서 지면 사정 때문에 6개 동 단위 자료를 바탕을 관내사전투표 득표율,

## 〈6-4〉 2022대선(경주시), 선관위 발표 자료의 차이값2

| 읍면동명 | 투표구명 | 이재명 | 윤석열 | 심상정 | 선관위 발표 이재명 | 윤석열 | 심상정 |
|---|---|---|---|---|---|---|---|
| 합계 | | | | | | | |
| 거소·선상투표 | | 0.20 | 0.63 | 0.01 | - 0.03 | 0.09 | 0.01 |
| 관외사전투표 | | 0.30 | 0.64 | 0.03 | 0.07 | 0.08 | 0.01 |
| 재외투표 | | 0.47 | 0.40 | 0.03 | 0.24 | 0.32 | 0.01 |
| 감포읍 | 소계 | 0.23 | 0.72 | 0.02 | | | |
| | 관내사전투표 | 0.16 | 0.81 | 0.01 | | | |
| | 선거일 투표 | 0.15 | 0.82 | 0.01 | | | |
| | 소계 | 0.01 | 0.00 | - 0.00 | 0.01 | 0.00 | 0.00 |
| | 관내사전투표 | 0.21 | 0.75 | 0.01 | | | |
| | 선거일 투표 | 0.20 | 0.76 | 0.02 | | | |
| 건천읍 | 소계 | 0.02 | - 0.00 | - 0.01 | 0.02 | 0.00 | 0.01 |
| | 관내사전투표 | 0.19 | 0.77 | 0.01 | | | |
| | 선거일 투표 | 0.16 | 0.78 | 0.02 | | | |
| 외동읍 | 소계 | 0.03 | - 0.01 | - 0.01 | 0.03 | 0.01 | 0.01 |
| | 관내사전투표 | 0.32 | 0.64 | 0.02 | | | |
| | 선거일 투표 | 0.29 | 0.65 | 0.02 | | | |
| 양남면 | 소계 | 0.03 | - 0.01 | - 0.00 | 0.03 | 0.01 | 0.00 |
| | 관내사전투표 | 0.25 | 0.71 | 0.02 | | | |
| | 선거일 투표 | 0.22 | 0.73 | 0.01 | | | |
| 내남면 | 소계 | 0.03 | - 0.02 | 0.00 | 0.03 | 0.02 | 0.00 |
| | 관내사전투표 | 0.21 | 0.75 | 0.02 | | | |
| | 선거일 투표 | 0.20 | 0.77 | 0.01 | | | |
| 산내면 | 소계 | 0.01 | - 0.02 | 0.01 | 0.01 | 0.02 | 0.01 |
| | 관내사전투표 | 0.16 | 0.80 | 0.01 | | | |
| | 선거일 투표 | 0.17 | 0.79 | 0.01 | | | |
| 서면 | 소계 | - 0.01 | 0.01 | 0.01 | - 0.01 | 0.01 | 0.01 |
| | 관내사전투표 | 0.18 | 0.79 | 0.01 | | | |
| | 선거일 투표 | 0.15 | 0.80 | 0.01 | | | |

당일투표 득표율, 차이값이 중간 부분을 차지하고 있다.

예를 들어 감포읍의 경우 이재명 사전투표 득표율 16%, 당일투표 득표율 15%, 차이값 +1%이다. 모든 차이값(관내사전-당일)은 오차범위 내에 있는 작은 값들이다. 오른쪽에 있는 그래프는 차이값(관내사전-당일) 그래프다. 모두 오차범위 내에 있음을 확인할 수 있다. 이런 결과만으로도 선관위가 발표한 경주시 후보별 득표수는 조작의 증거물을 찾을 수 없다.

한 시민이 작성해서 보내준 2022 대선 차이값(관내사전-당일) 그

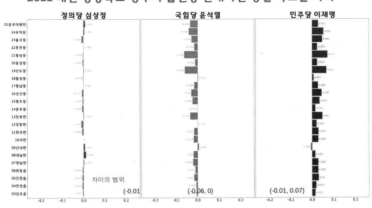

래프도 전산조작이 개입되지 않았던 경주시를 보여주고 있다. 경주 관내 21개 동에 이례적으로 큰 차이값은 이재명의 경우 황성동 (-6.2%, +7.1%), 선도동(-5.9%, +6.6%)뿐이다. 나머지 대부분의 차이값은 오차범위 내에 위치해 있음을 확인할 수 있다.

## 조작이 없었던 나머지 지역들

포항시 북구는 사전투표 투표자수 8만 8,623명으로 경북 도내에서 투표자가 많은 선거구에 속한다. 윤석열은 압도적으로 사전투표에서 승리를 거두었기 때문에 사전투표 득표수가 6만 2,655표나 된다. 사전투표 투표자 기준으로 전국 평균 총조작값 14.62%만 조작

20대 대통령 경북 포항 북구 사전투표 조작

| | 더불어민주당 | 국민의 힘 | 정의당 |
|---|---|---|---|
| | 이재명 | 윤석열 | 심상정 |
| 1.발표득표수 | 22,683 | 62,655 | 1,750 |
| 득표율기준 | 0.26 | 0.71 | 0.02 |
| | 0.00% | 0.00% | 0.00% |
| 2.사전투표 조작수 | - | - | - |
| 사전투표선거인수 | | 0.0% | 0.0% |
| | | | |
| 3.예상 득표수 | 22,683 | 62,655 | 1,750 |
| 득표율 기준 | 0.26 | 0.71 | 0.02 |

했더라도 약 1만 3,000표를 이동시킬 수 있었다. 그런데 아무런 개입을 하지 않았다는 것은 정말 이상한 일이다. 의도적인 행위라기보다도 사고에 기인한 것으로 해석할 수 있다.

〈6-6〉은 포항 북구의 선관위 발표 후보별 득표수 분석 결과를 조작 대상이 되었던 3명만 포함시켜 간단하게 정리하였다. '2. 사전투표 조작수'에는 뚜렷하게 윤석열 0%, 심상정 0%가 기록되어 있다. 윤석열과 심상정이 얻은 사전투표 득표수 가운데 단 한 표도 불법적으로 이재명에게 넘겨지지 않았음을 말하고 있다.

결과적으로 사전투표가 정상투표로 치러졌을 경우에 예상되는 이재명 사전투표 예상 득표율(26%)은 선관위 발표 이재명 사전투표 득표율(26%)과 정확하게 일치한다. 윤석열의 경우도 마찬가지다. 71%로 동일하다. 이처럼 선관위 발표 후보별 득표수가 조작되지 않은 경우 선관위 발표 후보별 득표율은 정상투표를 가정한 경우와 차이가 날 수 없다.

| | 수정전.후 사전투표와 당일투표 차이 | | |
|---|---|---|---|
| | 더불어민주당 | 국민의 힘 | 정의당 |
| | 이재명 | 윤석열 | 심상정 |
| 1.수정전 사전투표수 | 22,683 | 62,655 | 1,750 |
| 득표율 기준 | 0.26 | 0.71 | 0.02 |
| 2.수정전 당일투표수 | 22,368 | 67,801 | 2,161 |
| 득표율 기준 | 0.24 | 0.72 | 0.02 |
| 3.수정전 득표율 차이 | 0.02 | - 0.01 | - 0.00 |
| 합계 | 45,051 | 130,456 | 3,911 |
| 4.수정후 사전투표수 | 22,683 | 62,655 | 1,750 |
| 득표율 기준 | 0.26 | 0.71 | 0.02 |
| 5.수정후 당일투표수 | 22,368 | 67,801 | 2,161 |
| 득표율 기준 | 0.24 | 0.72 | 0.02 |
| 6.수정후 득표율 차이 | 0.019 | - 0.011 | - 0.003 |
| 합계 | 45,051 | 130,456 | 3,911 |
| 후 득표율 차이는" 0 "에 아주 가까우며 " 3 "를 넘지않 | | | |
| 수정전 | 85,405 | 수정후 | 85,405 - 41,140 |

한편 〈6-7〉에서도 특별하게 주목해야 할 2가지가 있다. 선관위 발표 후보별 득표수가 '만들어진 숫자'가 아니라면 사전투표 득표율(1번 하단 참조)과 당일투표 득표율(2번 하단)의 숫자가 같거나 비슷하다. 0% 조작값 선거구인 포항시 북구의 선관위 발표 후보별 득표수의 정직성은 득표율과 비교해서 그대로 확인된다.

선관위에 따르면 이재명은 사전투표 득표율 26%, 당일투표 득표율 24%, 차이값 +2%이다. 윤석열은 사전투표 득표율 71%, 당일투표 득표율 72%, 차이값 -1%이다. 두 후보 모두 사전투표와 당일투표에서 대단히 유사한 득표율을 기록하고 있음을 알 수 있다. 이처럼 사전투표를 조작하지 않으면 특정 후보에 대한 사전투표와 당일투표 지지도는 같거나 비슷해야 한다. 포항시 북구의 선관위 발표 선거 데이터의 정직성이 다시 한번 검증된 셈이다.

선거조작범들이 어떤 기술을 사용했든, 어떤 전산장비를 동원했든 간에 최종 결과는 선거 데이터에 담기게 된다. 중간에 무슨 일을 했든, 하지 않았든 간에 선거 데이터가 정상이면 정상투표를 한 것이고, 그렇지 않으면 선거사기를 친 것이라고 할 수 있다.

조작을 하지 않았으면 사전투표 조작 이전과 이후의 득표수는 변함이 있을 수 없다. '1. 수정 전 사전투표수'(선관위 발표)와 '4. 수정 후 사전투표수'(추정치)는 2만 2,683표로 정확하게 일치한다. 가장 하단의 보면 '수정 전'과 '수정 후'도 정확하게 8만 5,405표로 일치한다. 조작을 하지 않았기 때문에 윤석열과 이재명의 격차 또한 변함이 없다.


## 조작 실패 지역과 조작 성공 지역

경북의 24개 선거구에서 9곳이 조작이 전혀 없었다는 사실은 정상투표에 대해 또 다른 사실을 제공한다. 〈6-8〉의 왼쪽은 조작이 실행된 이후의 차이값(사전-당일) 그래프다. 선관위 발표 후보별 득표수를 바탕으로 작성된 것이다. 여기서 일정한 규칙, 즉 조작값을 찾아낸 다음에 정상투표에서 나올 것으로 예상되는 득표수 추정치를 구한 다음 작성한 것이 오른쪽 차이값 그래프다.

조작 실패 지역은 모두 9곳으로 포항시 북구·남구, 경주시, 예천군, 성주군, 영양군, 의성군, 영덕군, 울진군이다. 이들 지역의 차이값은 하나같이 경북의 차이값 평균치(이재명 +3.7%, 윤석열 -3.0%)보다 작다. 눈길을 끌고도 남음이 있을 정도로 차이값 크기가 작다.

우리는 다시 한번 상기할 필요가 있다. 통계학의 대들보와 같은 대수의 법칙은 선거에 대해 이렇게 이야기한다. "선거는 표본 수가 크기 때문에 사전투표자로 이루어지는 표본(샘플)과 당일투표자로 이루어지는 표본(샘플), 그리고 총투표자수(모집단)의 통계적 특성이 같거나 비슷해야 합니다. 즉 특정 후보가 사전투표와 당일투표에서 얻은 득표율은 같거나 비슷해야 합니다. 만약 사전투표 득표율이 당일투표 득표율에 비해 현저히 크거나 작다면 사전투표 조작이 일어났을 가능성이 매우 높습니다."

**〈6-8〉 2022 대선(경북), 조작된 상태 vs 조작되지 않은 상태**

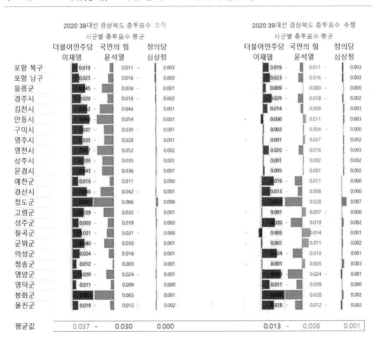

포항 북구의 경우 이재명 차이값 +1.9%, 윤석열 차이값 -1.1%이고, 포항 남구 +2.3%, -1.6%이며, 경주시 +2.9%, -1.6%이다. 모두 오차범위 내에 위치할 정도로 차이값 크기가 작다. 후보별 사전투표 득표율과 당일투표 득표율이 비슷하다는 이야기다.

나머지 7개 선거구도 마찬가지다. 경주시 +2.9%, -1.8%, 예천군 +1.9%, -1.1%, 성주군 +2.0%, -1.9%, 영양군 +3.0%, -2.4%, 의성군 +2.4%, -1.6%, 영덕군 +1.1%, -0.9%, 울진군 +1.8%, -1.2%이다. 단 한 곳도 예외가 없을 정도로 후보별 사전과 당일 득표율이 비슷하다. 이처럼 수천, 수만 명으로 구성되는 사전투표자 표본과 당일투표자 표본은 비슷한 통계적 특성을 가질 수밖에 없다.

그 밖에 조작이 비교적 심한 지역들의 차이값 크기는 눈에 도드라질 정도다. 10% 조작이 있었던 안동시는 +6.0%, -5.4%이다. 그 밖에 김천시, 청도군, 봉화군의 차이값이 크다. 이들 지역은 예외 없이 좌우대칭 구조를 갖고 있다. 윤석열의 표를 빼앗아서 이재명이 갖기 때문에 이재명은 늘 플러스 차이값을, 윤석열은 늘 마이너스 차이값을 갖게 된다.

과학이란 이처럼 강력하다. 통계학이란 이처럼 위대하다. 숫자란 이처럼 무시무시한 것이다. 선거조작범들은 완전범죄를 꿈꾸었을 것이다. 그러나 그들이 조작한 불법행위는 후보별 득표수라는 숫자에 각인되어 세세손손 전해지게 되었다. 선거조작의 주범, 공범, 협력자, 조력자, 부역자들 모두가 굳게 입을 다물고 있지만, 후보별 득표수는 외친다. "2022 대선에서도 2017 대선부터 대한민국의 다른 모든 공직선거와 마찬가지로 체계적이고 조직적인 전산조작을 통한 후보별 득표수 사기가 있었음을 엄숙히 선언합니다!"

## 도대체 어디서 실수한 거야

선거가 끝나고 난 다음 메인 서버는 물론이고 투개표장에서 사용되었던 일체의 전산장비에 대한 포렌식이 이루어질 수 있다면 대대적인 전산조작이 어떤 과정에서, 어떻게 이루어졌는지를 밝힐 수 있을 것이다. 수십, 수백만 명의 참관인이 두 눈을 부릅뜨고 날밤을 세워 감시를 하더라도 숨어서 한 명 혹은 몇 명이 수행하는 전산조작을 잡아내기는 어렵다.

그럼에도 불구하고 우리는 도대체 전산조작범들이 어떤 방법을 사용하였을까라는 궁금함을 갖게 된다. 이미 재야 전문가는 2017 대선부터 방대한 선거 데이터를 분석한 결과를 바탕으로 이런 추측을 내놓았다. "다양한 방법 가운데도 아무래도 투표지 분류기를 의심하지 않을 수 없습니다." 2017 대선부터 공직선거에 대한 방대한 선거 데이터를 분석한 잠정 결론으로 받아들일 수 있다. 그는 다른 그 어떤 방법보다도 효과적으로 직업을 수행할 수 있는 것이 투표지 분류라는 것이다.

국내에서 오랫동안 부정선거 규명을 위해 헌신해온 한성천(전 중앙선관위 노조위원장)은 여기서 한 걸음 더 나아간 이야기를 들려준다. 아마도 한성천 전 노조위원장처럼 선거사기 실상을 현장 중심으로 깊이 이해하고 있는 사람은 드물 것이다. 왜냐하면 그가 선거사무를 담당하는 기관에서 오랫동안 일했기 때문이다. 그가 4·15 총선이 끝난 이후인 2020년 6월 17일에 작성한 〈제21대 총선 부정선거의 올바른 이해를 위한 질의문답〉은 주목할 만한 내용이 많다. 이 가운데서도 한성천은 압도적인 비중을 할애해서 투표지 분류기(일명 전자개표기) 문제를 다루고 있다.

48가지 질문과 답변 가운데 "부정선거가 있다는 게 정말 사실입니까?"라는 첫 질문에 대한 답이 전자개표기 문제다. 그만큼 중요하다는 이야기다.

한성천: 전자개표기는 '전산조직'으로서 공직선거법 부칙 제5조(전산조직에 의한 개표)의 엄격한 규정에 의해서만 사용이 가능합니다. 그런데 중앙선관위는 2002년 지방선거에서부터 지난 19년간 (2002~2021) 중앙선관위 시행공문에 의해 전산조직인 전자개표기를 사용하였기에 공직선거법 부칙 제5조를 위반했습니다.

따라서 불법장비인 전자개표기(그들이 신조어를 만들어서 말하는 소위 '투표지 분류기')를 각종 선거에 사용하여 불법적인 선거관리를 함으로써 부정선거를 계속해왔습니다. 게다가 공직선거법 부칙 제5조(전산조직에 의한 개표)에 의하면 전자개표기는 대통령 선거와 국회의원 선거, 지방선거에 사용할 수 없습니다. '사용'했다는 것만으로도 위법한 선거관리이자 절차를 위반한 범죄이므로 명백한 부정선거입니다.

질문: 전자투표기의 문제점은 뭐라고 보십니까?

한성천: 전자개표기는 편리함, 신속성, 정확성은 있으나, 중앙선관위나 그 장비와 관련된 관계자인 인간이 이 장비의 특성을 악용하여 부정선거를 얼마든지 할 수 있기 때문에 근본적으로 신뢰할 수 없습니다. 다시 말하자면 중앙선관위 관계자 혹은 제3자에 의한 해킹, 조작이 가능하기 때문에 민주주의를 붕괴시킬 수 있는 굉장히

위험한 전산장비입니다.

4·15 총선에서 개표 당시 부여군에서 혼표가 나왔습니다. 부여군의 혼표 발생은 명백한 조작 혹은 해킹의 증거로서 중앙선관위는 이번 제21대 국회의원 선거 투표 및 개표에서 전산조직을 사용한 내용 전부를 밝혀야 됩니다. 또한 검찰에 수사 의뢰하여 포렌식 전문가의 도움을 받아 통신으로 오고 간 데이터 일체를 공개해야 합니다. 중앙선관위는 공정하게 관리하고 스스로 국민 앞에 투명하게 밝히는 것이 국민을 대하는 국가기관의 도리인데 이를 기피하고 있습니다.

## 2022 대선, 투표지 분류기와 전산조작

2022 대선의 공정성과 관련된 문제점의 처음이자 마지막은 전산조작이다. 윤석열과 심상정의 득표수 가운데 일정 수만큼을 빼앗아서 이재명에게 더해버린 일이다. 물론 선거사무를 담당하는 사람들은 "절대로 그런 일을 일어날 수 없다"고 펄쩍 뛸 것이다. "우리는 절대로 그런 일을 한 적이 없습니다. 우리를 믿어주세요"라고 이야기한다. 그런데 내가 하고 싶은 이야기는 이렇다.

"사람을 어떻게 믿나. 사람이란 이익과 필요에 따라 뭐든 할 수 있는 사회적 동물 아닌가. 당신들도 한두 살 먹은 사람들이 아니니까 다 알지 않소. 인간이 도대체 어떤 존재인가를. 나는 당신들의 입이나 양심을 믿기보다도 냉정한 숫자를 믿습니다. 숫자가 우리 모두에게 말하지 않습니까. 2022 대선 선거 데이터는 우리에게 이야기하지 않습니까. 이유 여하를 불문하고 2022 대선 선거 데이터는 대부분 조작되었다고."

경북에서 모두 9개 선거구에서 사전투표 조작이 일어나지 않았다. 그 밖에 강원도 동해시 1개 선거구를 제외한 전국 모든 선거구에서 다양한 조작값을 입력해서 후보별 득표수를 제조 및 생산한 증거들이 확보되었다.

2022 대선 후보별 득표수는 중국공산당 선관위 작품이 아니다. 더더욱 북조선인민공화국 선관위 작품도 아니다. 2022 대선을 관장한 곳은 대한민국의 공적기관인 선관위다. 선거사무를 독점하면서 2022 대선 종결과 함께 당락의 기준이 된 선거 데이터를 자신들이 발표하였다. 관리 책임은 모두 중앙선관위와 지역선관위 소관이다. 그들이 발표한 거의 모든 사전투표 득표수가 제조되었다는 것이 누구도 거부할 수 없는 사실(fact)이다. 거듭 말하지만 그냥 숫자 분석의 사실을 이야기하고 있을 뿐이다.

누가 관여했는지, 어떤 방법으로 했는지를 수사당국이 수사해야한다고 본다. 2020년 6월 17일 같은 문건에서 한성천(전 중앙선관위 노조위원장)은 전자개표기(일명 투표지 분류기) 문제의 심각성에 대해 이렇게 주장한다.

질문: 전자개표기, 더 나아가 중앙선관위 중앙 집계 서버도 조작될 수 있습니까?
한성천: 현재 중앙선관위가 사용하고 있는 전자개표기는 국가 공인기관에서 '공직선거 개표 시에 사용해도 된다'는 검증 절차를 전혀 거치지 아니한 장비로서 원칙적으로 사용해서는 안 되는 불법장

비입니다. 불법 전자개표기를 사용하면 발생할 수 있는 문제점을 단계별로 지적해보겠습니다.

첫째, 개표소에서 투표지가 전자개표기를 통과할 때 성능의 미흡으로 정확한 집계가 되지 않을 수 있습니다. 하지만 이보다 더 위험한 것은 전자개표기에 내장된 프로그램의 명령(소스)에 따라 개표 집계가 조작 가능하고, 이때 기계 내부에서의 조작뿐만이 아니라 외부 통신으로도 조작이 가능합니다.

둘째, 각 선거구에서 집계된 개표상황표 결과를 전자개표기에서 중앙선관위 서버로 전송하는 단계에서 역시 조작이 가능합니다.

셋째, 중앙선관위 서버 자체도 해킹 및 조작될 위험이 있습니다.

넷째, 중앙선관위 집계 서버에서 각 방송사로 전송하는 단계에서도 조작이 가능합니다.

다섯째, 이처럼 전자개표기를 사용하면 개표 현장에서 전개되는 상황과는 달리 개표 결과를 운용 프로그램 조작, 해킹 등을 통해 수정, 변경이 가능합니다. 이는 몇몇 주체에 의해 언제든지 조작이 이루어질 수 있음을 시사하고, 이러한 중범죄가 아무도 인식하지 못하는 가운데 전광석화처럼 진행된다는 것을 의미합니다.

즉 현장개표소 개표 결과와 각 방송사에서 국민에게 공표되는 개표 결과가 별개여서 감쪽같이 국민을 속일 수 있고, 그러한 것을 가능케 하는 시스템인 전자개표기로 얼마든지 권력을 창출할 수 있는 것입니다.

이 같은 불법적인 선거관리는 전자개표기를 공직선거 개표에 사용하여 부정선거라는 것을 인식할 틈도, 대처할 시간적 여유도 주지 않고 처리할 수 있기에 극도로 위험합니다. 이와 다르게 수개표를 하면 참관인이 옆에서 감시·감독하므로 그러한 문제가 발생하지 않습니다.

이런 위험을 알기 때문에 독일의 헌법재판소는 육안으로 검증할 수 없는 일체의 전산장비 사용을 투개표 과정에서 금지하고 있다. 전산조작의 위험을 알기 때문에 대만 당국은 투표함을 이동시키지 않고, 사전투표를 실시하지 않고, '바를 정(正)'자를 써가면서 한 표 한 표를 세서 선거를 치르고 있다.

# 2

# 대구광역시

경북에 비할 바는 아니지만 대구의 사전투표 조작 정도도 상당히 낮은 수준이다. 사전투표 투표자수에서 이동된 득표수인 총조작값은 10.67%로 전국 평균 14.62%에 비해 낮다. 선관위 발표에 따르면 윤석열의 사전투표 득표율은 대구에서 74%(50만 8,261표)를 차지할 정도로 압도적이었다. 윤석열이 사전투표에서 얻은 50만 8,000표는 조작을 마음먹은 사람들에겐 황금어장이 될 수 있었다. 그것은 마음만 먹으면, 즉 조작값만 올리면 얼마든지 윤석열의 표를 이재명에게 옮길 수 있었다는 이야기다. 조작범들이 더 분발했어야 하는 지역이었음에도 불구하고, 대구에서 그들의 성적표는 기대 이하였다.

## 당일, 윤석열 몰표

대구·경북은 보수 색채가 가장 강한 지역이다. 그만큼 윤석열에게 몰표가 쏟아져 나온 곳이 대구·경북이다. 예를 들어 2018 지방선거에서도 어마어마한 규모의 후보별 득표수 조작이 있었다. 앞으로 이어지는 별도의 책에서 그 사람들이 어떻게 권력을 도둑질했는지를 낱낱이 공개할 계획을 갖고 있다. 17개 광역시에서 단 2곳 경북도지사와 대구광역시장을 제외하고 모두가 민주당이 석권하였다. 경북지사와 대구광역시장 선거에서도 대단한 사전투표 조작을 행했지만, 당일투표에서 몰표가 쏟아지면서 그들의 공작이 성공하지 못했다.

대구의 총투표 투표자수는 161만 1,512명(선거인수 204만 6,000명)이고 사전투표 투표자수는 70만 2,700명이다. 사전투표 참가자가 총투표 투표자수에서 차지하는 비중은 43.60%로 다른 지역보다 낮은 편이다. 광주(59.78%), 전남(64.25%), 전북(61.06%)보다 크게 낮은 수준이다. 161만, 70만 명 정도의 표본 수는 선거를 제외하면 찾아보기 힘들 정도의 엄청난 표본 수다. 따라서 표본의 통계적 특성이 다르면 어김없이 조작이나 개입이 있었다고 볼 수 있다. 표본 수가 이렇게 큰 경우에는 모집단과 표본집단 사이에 통계적 특성이 다를 수 없다. 총투표 통계적 특성, 사전투표 통계적 특성, 그리고 당일투표 통계적 특성은 이 정도로 큰 표본 수라면 거의 일치해야 한다.

〈6-9〉는 선거조작범들이 대구에서 행한 범행 전모를 거시적으로 파악할 수 있는 자료다. 다른 선거구에서도 이 같은 도표를 통해 조작의 전모를 단번에 알 수 있다.

**〈6-9〉 2022 대선(대구), 사전투표 득표율과 통계적 변칙**

| | 이재명 | 윤석열 | 차이(윤-이) |
|---|---|---|---|
| **총투표(사전+당일)** | | | |
| 선관위 발표<br>(수정 후 추정치) | 21%<br>(19%) | 74%<br>(77%) | +53%<br>(+58%) |
| **사전투표** | | | |
| 선관위 발표<br>(수정 후 추정치) | 24%<br>(19%) | 72%<br>(77%) | +48%<br>(+58%) |

첫째, 총투표 기준으로 선관위는 윤석열과 이재명의 격차가 53% 났다고 발표했다. 그러나 선관위 발표 후보별 득표수에 포함된 사전투표 증감 행위를 수정하고 나면 격차는 58%로 확대된다.

둘째, 총투표 득표율 기준으로 이재명에게 +3%만큼 더해주고, 윤석열에게서 -3%만큼 빼앗은 전산 프로그램을 가동한 것으로 보인다. 총투표 득표율 기준으로 6%를 이동시켰다고 볼 수 있다.

셋째, 사전투표 득표율 기준으로 선관위는 윤석열과 이재명의 격차가 48% 났다고 발표했다. 그러나 선관위 발표 후보별 득표수에 포함된 사전투표 조작으로 이동된 득표수를 원상 복귀시키고 나면 격차는 58%로 확대된다. 정상투표라면 총투표에서 발생한 득표율 격차나 사전투표에서 발생한 격차가 같거나 비슷해야 한다. 총투표 기준으로 선관위 발표 차이(윤-이)는 53%이고, 사전투표 기준으로 선관위 발표의 차이는 48%이다. 정상투표라면 두 수치가 거의 같아야 한다. 사전투표 조작을 통해 이재명을 밀어주고, 윤석열에게 빼앗은 작업이 있었기 때문에 총투표는 58% 격차가 발생하고, 사전투표는 48% 격차가 발생하게 된다.

넷째, 사전투표 득표율 기준으로 이재명에게 +5%만큼 더해주고,

윤석열에게서 -5%만큼 빼앗은 전산 프로그램을 가동한 것으로 보인다. 사전투표 득표율 기준으로 10%를 이동시켰다고 볼 수 있다.

다섯째, 수정 후 추정치는 선관위 발표 후보별 득표수가 '만들어진 숫자'를 다시 한번 확정해준다. 수정 후 추정치를 기준으로 보면 총투표나 사전투표 간에 모두 이재명 19%, 윤석열 77%로 같다. 그냥 무심코 넘어갈 수 있지만, 이것은 선거에서 통계학이 무엇을 말하는지를 분명히 해준다.

선거는 표본 수가 너무 크기 때문에 일체의 통계적 변칙이 발생할 수 없다. 다시 이야기하면 총투표 기준으로 하든, 사전투표 기준으로 하든 조작이 없었다면 양 후보의 득표율을 같아야 한다. 〈6-9〉의 총투표 기준 득표율 추정치와 사전투표 기준 득표율 추정치가 정확히 일치하는 것은 대단히 중요한 의미를 갖고 있다. 선거에 손을 대지 않으면 총투표자수라는 모집단과 사전투표 참가 그룹으로 구성된 표본집단과 당일투표 참가 그룹이라는 표본집단 사이에 후보별 득표율은 같거나 아주 비슷해야 한다. 조작은 이렇게 숨길 수 없다!


## 조작값, 왜 이렇게 낮은가


일부러 한 일은 아니라고 본다. 다른 16개 광역시도에서처럼 명확한 의도를 갖고 사전투표 조작에 임했지만, 실수가 있었을 것이다. 대구는 조작값이 지나치게 낮다. 물론 경북의 9개 선거구나 강원도 동해시처럼 완전히 조작에 실패한 선거구는 없다.

**〈6-10〉 2022 대선(대구), 사전투표 조작값과 조작규모**

| 선거구 | 조작값<br>(사전투표 득표수 기준) | 사전투표 조작규모<br>(인위적으로 이동시킨 득표수) |
|---|---|---|
| 5%(4개 지역) | | |
| 서구 | 5% | 4,224표 |
| 달성군 | 5% | 4,540표 |
| 수성구 | 5% | 10,090표 |
| 달서구 | 5% | 11,266표 |
| 10%(4개 지역) | | |
| 중구 | 10% | 3,670표 |
| 남구 | 10% | 6,638표 |
| 동구 | 10% | 15,590표 |
| 북구 | 10% | 18,978표 |

5% 조작값이 적용된 선거구는 모두 4곳으로 서구, 달성군, 수성구, 달서구이다. 10% 조작값이 적용된 선거구는 모두 4곳으로 중구, 남구, 동구, 북구이다. 예를 들어 대구 수성구는 사전투표 투표자수가 13만 4,008명이 될 정도 규모가 크다. 선관위 발표에 따르면 윤석열은 약 73%인 9만 7,769표를 얻었다. 이 가운데 고작 빼앗은 득표수가 5%(4,888표)에 불과하다.

윤석열의 사전투표 득표수 가운데 10%(9777표), 20%(1만 955표), 30%(2만 9,330표)를 얼마든지 훔칠 수 있었다. 실물 위조투표지를 투입하는 일처럼 아슬아슬하고 발각 위험이 있는 일도 아니고, 조작값을 입력하는 것만으로도 얼마든지 할 수 있는 일이다.

예를 들어 광주광역시를 구성하는 동구, 서구, 광산구 등 5개 선거구에서는 모두 조작값이 40%였다. 윤석열이 얻은 사전투표 득표수 가운데 40%를 빼돌려서 이재명에게 넘겼다. 광주 광산구만 하더라도 윤석열이 얻은 사전투표 득표수 1만 6,046표 가운데 40%인 6,418표를 빼돌려서 이재명에게 더해주었다.

전북은 조작값 35%를 적용시킨 군산시를 제외하면 전주 완산구, 전주 덕진구, 익산시 등에서는 조작값 40%를 적용시켰다. 정읍시의 경우에는 한 걸음 더 나아가 45%까지 윤석열의 사전투표 득표수를 빼앗아서 이재명에게 넘겨주었다.

예를 들어 전북 정읍시는 사전투표 투표자수가 4만 9,557명이다. 이 가운데 윤석열이 받은 사전투표 득표수는 미미한 수준이다. 윤석열의 사전투표 득표수 5,556표 가운데 45%인 2,500표를 빼앗았다. 심상정을 보면 입이 딱 벌어진다. 심상정이 받은 사전투표 득표수는 고작 643표에 지나지 않는다. 이 가운데 45%인 354표를 빼돌려서 이재명에게 더해주었다.

쉽게 이야기하면 대구광역시는 윤석열에게 몰표가 쏟아지는 곳이기 때문에 정읍시처럼 45%까지 훔칠 수 있는 곳이다. 그런데 고작 5%를 훔쳤다고 하니 어안이 벙벙할 뿐이다. 바보천치가 아니고선 이렇게 할 수 없다. "이 친구들아, 일을 좀 야무지게 했어야지!"


## 호남과 비교하면, 충격 그 자체

조작범들의 실수라고 보는 것은 대단히 합리적이다. 직접 그들의 조작 현장을 목격할 수 없었지만 그들이 심혈을 기울여 만든 선거 결과라는 작품을 보면 실수라는 결론을 얻을 수 있다.

이런 조작을 두 사람 혹은 세 사람이 나누어서 행하지는 않았을 것이다. 재야 전문가의 이야기처럼 도와주는 사람들은 있었겠지만, 최종적으로 자료를 만진 사람은 한 사람일 가능성이 높다. 그래야 특정 지역에서 이상한 현상이 발생하지 않고 일관된 결과를 얻을 수 있기 때문이다. 한 가지 주목할 점은 개표 현장에서 조작값 입력 등에서 실수가 발생하였거나 협조를 얻지 못했을 가능성도 배제할 수 없다는 것이다.

호남(전남, 전북, 광주)과 비교하면 흥미로운 결과와 만날 수 있다. 사전투표 투표자수, 조작규모, 총조작값을 살펴보면 특이한 점을 찾아낼 수 없다. 그러나 각 선거구에서 윤석열이 얻은 사전투표 득표수 대비해서 빼앗긴 득표수를 보면 "정말 그 친구들이 실수를 톡톡히 했구나!"라는 탄성이 절로 나온다.

첫째, 윤석열이 얻은 사전투표 득표수는 대구가 전남에 비해 7.7배가 많다. 그런데 윤석열이 빼앗긴 사전투표 득표수는 2만 7,000표로 전남(3만 표)에도 미치지 못한다. 이게 말이 되는 이야기

〈6-11〉 2022 대선, 호남 지역 vs 대구

|  | 전남 | 전북 | 광주 | 대구 |
|---|---|---|---|---|
| 사전투표 투표자수 | 82만 명 | 75만 명 | 59만 명 | 70만 명 |
| 조작규모 | 6만 4,918표 | 7만 3,610표 | 6만 1,514표 | 7만 4,992표 |
| 총조작값 | 7.88% | 9.76% | 10.44% | 10.67% |
| (1) 윤석열이 얻은 표수 | 8만 9,000표 | 10만 6,000표 | 6만 9,000표 | 68만 9,000표 |
| (2) 윤석열이 빼앗긴 표수 | 3만 표 | 3만 2,000표 | 2만 7,000표 | 2만 7,000표 |
| (3) 비율(2/1) | 33.7% | 30% | 39% | 3.9% |

인가! 윤석열이 대구에서 전남보다 사전투표 득표수를 7.7배 더 얻었다는 이야기는 평균적인 조작값을 적용하더라도 전남에 비해 7.7배를 더 윤석열에게 빼앗을 수 있었어야 했다는 말이다.

사전투표 득표수는 조작범을 어부에 비유하면 어장인 셈이다. 고기가 없는데 고기를 잡을 수는 없다. 전남에서는 이재명이 당일, 사전 모두 압승을 했기 때문에 사전투표 조작범들에겐 어장 규모가 작아서 크게 표를 이동시킬 수 없다. 그런데 대구는 어마어마하게 큰 황금어장이다. 세상에 황금어장에서 노다지로 고기를 퍼담을 수 있는데, 가만히 있는 어부가 어디에 있는가! 바로 그런 짓을 2022 대선에서 조작범들이 대구에서 한 일이다.

대구는 사전투표 조작범들에게는 일종의 황금어장인 셈이다. 전남에 비해 7.7배나 윤석열이 더 표를 얻었기 때문이다. 전남은 이재명이 대승을 했기 때문에 조작할 수 있는 규모가 아주 작을 수밖에 없었다.

둘째, 윤석열이 전북에서 얻은 득표수는 대구의 15%에 불과하다. 그만큼 전북에서 조작할 수 있는 대상이 대구에 비해 15% 규모밖에 되지 않는다는 이야기다. 그런데 대구보다 더 많은 표인 3만 2,000표를 빼앗았다. 정말 일어날 수 없는 일이다.

셋째, 윤석열은 광주에서보다 대구의 사전투표에서 약 10배 정도 더 표를 얻었다. 그런데 윤석열이 대구에서 빼앗긴 득표수와 광주에서 빼앗긴 득표수가 2만 7,000표로 비슷하다. 조작범들이 자선사업가도 아니고 이렇게 어처구니없는 일을 실수 아니면 할 수가 없었다.

넷째, 윤석열이 얻은 사전투표 득표수에서 빼앗긴 득표수의 비율은 전남 33.7%, 전북 30%, 광주 39%이다. 그런데 대구는 3.9%에 지나지 않는다. 10분 1 수준으로 윤석열이 표를 빼앗긴 셈이다. 윤석열이 불쌍해서 전산조작범들이 대구만 윤석열을 봐준 건가? 그럴 리는 없었을 것이다.

## 전국과 비교해도 말이 안 돼

전국 차원에서 윤석열이 얻은 사전투표 득표수에서 그가 빼앗긴 득표수가 얼마나 되는지를 살펴보는 일은 의미가 있다. 〈6-12〉는 대구와 경북에서 2022 대선에서 어떤 일이 일어났는가를 파악하는 데 도움을 준다.

대구와 경북 지역에서는 미미한 사전투표 조작이 있었다. 미미한 수준이라고 표현할 수 있지만, 좀 더 직설적으로 이야기하면 '형편 없는 조작술을 선보인 지역'이라고 할 수 있다. 선거조작범들이 정신줄을 놓지 않고서는 이런 엉터리 짓을 할 수는 없다고 본다. 그래서 그들의 실수 혹은 실책이라 해석하게 된다. 물론 그런 실수가 어찌할 수 없는 그런 상황에서 발생하였을 것으로 짐작된다.

대구에서 윤석열이 얻은 사전투표 득표수에 불과 3.9%인 약 2만 7,000표를 훔쳤다는 것은 일어날 수 없는 일이다. 그들 입장에선 일어나서는 안 되는 일이었다. 대구와 경북에서 윤석열이 빼앗긴 득표수는 각각 3.9%와 3.3%에 지나지 않는다.

이 책에 다루고 있는 순서대로 특수한 조작 지역, 평범한 조작 지역, 강력한 조작 지역, 초강력 조작 지역으로 나누어서 윤석열이 얻은 사전투표 득표수에서 윤석열이 빼앗긴 사전투표 득표수의 비중

### 〈6-12〉 윤석열 사전투표 득표수 vs 빼앗긴 득표수

| | (1) 윤석열 사전투표 득표수 | (2) 윤석열이 빼앗긴 득표수 | (3) 비율(2/1) |
|---|---|---|---|
| 대구 | 68만 9,000표 | 2만 7,000표 | 3.9% |
| 경북 | 67만 표 | 2만 2,000표 | 3.3% |
| [특수한 조작 지역] | | | |
| 전남 | 8만 9,000표 | 3만 표 | 33.7% |
| 전북 | 10만 6,000표 | 3만 2,000표 | 30.0% |
| 광주 | 6만 9,000표 | 2만 7,000표 | 39.0% |
| [평범한 조작 지역] | | | |
| 울산 | 17만 7,000표 | 2만 표 | 11.3% |
| 인천 | 38만 3,000표 | 5만 4,000표 | 14.1% |
| 충북 | 24만 표 | 3만 2,000표 | 13.3% |
| 경남 | 57만 표 | 6만 4,000표 | 11.2% |
| 부산 | 55만 9,000표 | 6만 6,000표 | 11.8% |
| 강원 | 26만 6,000표 | 3만 4,000표 | 12.8% |
| [강력한 조작 지역] | | | |
| 충남 | 30만 2,000표 | 4만 4,000표 | 14.6% |
| 경기 | 164만 9,000표 | 28만 9,000표 | 17.5% |
| [초강력 조작 지역] | | | |
| 제주·세종 | 13만 1,000표 | 2만 5,000표 | 19.0% |
| 대전 | 20만 6,000표 | 4만 1,000표 | 19.9% |
| 서울 | 142만 6,000표 | 34만 4,000표 | 24.1% |

주: 호남을 제외한 비율의 평균치는 15.42%

이 얼마나 되는가를 살펴봤다. 최소 11.2%(경남)에서 최대 24.1%(서울)까지인 것을 확인할 수 있다. 물론 윤석열이 얻은 사전투표 득표수가 얼마 되지 않는 전남, 전북, 광주는 비율이 30~39%까지 치솟았다.

호남을 제외한 평균치는 15.42%임을 염두에 두면 대구와 경북이 얼마나 미미한 수준으로 윤석열의 표를 빼앗은 작업이 이뤄졌는가를 알 수 있다. 다시 한번 강조하면, 2022 대선의 전산조작은 윤석열과 심상정이 각각 얻은 사전투표 득표수에 일정한 퍼센트(조작값)를 빼돌려서 이재명에게 이동시키는 방법이 사용되었다고 본다. 선관위 발표 후보별 득표수는 이처럼 간단한 전산(사칙연산) 프로그램에 변수(조작값)를 입력해서 '만들어낸 숫자'이다. 따라서 조작의 대상은 윤석열과 심상정이 얻은 사전투표 득표수이다. 사전투표 득표수에 비례해서 조작이 진행되기 때문에 대구와 경북 모두에서 윤석열이 압도적 승리로 얻은 많은 득표수를 보고도 3% 수준밖에 빼앗지 않았다는 것은 바보천치라 할지라도 할 수 없는 일이다. 사전투표를 기획했던 자들이 결과 확인 후에 땅을 치고 후회했을 것이다.

　　〈6-13〉의 왼쪽은 조작 상태의 후보별 득표수를 바탕으로 만들어진 차이값(사전-당일) 그래프다. 선관위 발표 자료를 사용한 그래프다. 8개 선거구에서 야무지게 표를 훔쳤음을 알 수 있다. 좌우대칭은 "참 야무지게 했다"는 탄성이 절로 흘러나올 지경이다. 차이값의 평균치는 이재명 +5%, 윤석열 -4.1%이다.

　　오른쪽은 선관위 발표 후보별 득표수에서 찾아낸 조작값을 활용해서 조작되지 않은 후보별 득표수를 복원한 다음, 이를 바탕으로 만든 차이값 그래프다. 차이값 평균치는 이재명 -0.6%, 윤석열 +1.3%로 모두 오차범위(0~3%)로 작은 값이다. 정상투표에서는 후보별 득표수가 어떤 특성을 갖고 있는지를 잘 보여주고 있다. 어떤 규칙이나 패턴을 찾아낼 수 없는 자연수가 어떤 특성을 갖고 있는지를 알 수 있다.

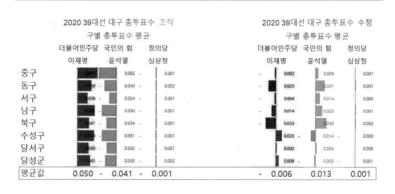

**〈6-13〉 2022 대선(대구), 조작된 상태 vs 조작되지 않은 상태**

| | 2020 39대선 대구 총투표수 조작 구별 총투표수 평균 | | | 2020 39대선 대구 총투표수 수정 구별 총투표수 평균 | | |
| | 더불어민주당 이재명 | 국민의 힘 윤석열 | 정의당 심상정 | 더불어민주당 이재명 | 국민의 힘 윤석열 | 정의당 심상정 |
|---|---|---|---|---|---|---|
| 중구 | | 0.062 | 0.001 | 0.002 | 0.009 | 0.001 |
| 동구 | | 0.040 | 0.002 | 0.025 | 0.031 | 0.001 |
| 서구 | 0.036 | 0.024 | 0.001 | 0.004 | 0.014 | 0.000 |
| 남구 | | 0.050 | 0.001 | 0.014 | 0.023 | 0.001 |
| 북구 | 0.041 | 0.034 | 0.001 | 0.033 | 0.038 | 0.002 |
| 수성구 | | 0.051 | 0.001 | 0.020 | 0.014 | 0.000 |
| 달서구 | 0.040 | 0.052 | 0.001 | 0.002 | 0.004 | 0.000 |
| 달성군 | 0.045 | 0.038 | 0.002 | 0.009 | 0.003 | 0.001 |
| 평균값 | 0.050 | 0.041 | 0.001 | 0.006 | 0.013 | 0.001 |

    2022 대선은 완전히 조작된 선거였다! 2017 대선 이후 모든 공직 선거에서 활용되었던 조작 기술과 방법을 사용하였다. 다만 그들은 현저한 여론조사 결과 등을 참고해서 극적으로 이기는 방향으로 선거 승리 시나리오를 작성해서 실행에 옮긴 것으로 보인다. 대구와 경북에서 피치 못할 사정으로 인해 전산조작이 원활치 못했던 것으로 보인다. 무슨 이유였는지 수사당국이 나서서 밝혀줄 것을 요망한다. 이 같은 요구는 국민들이 할 수 있는 당연한 요구이다. 선거를 담당하는 자들이나, 수사를 담당하는 자들이나, 나라를 이끄는 자들이나 모두가 세금으로 먹고사는 자들임을 잊어선 안 될 것이다.

# 모든 실체 드러났다

누구든지 자신이 저지른 불법적인 일이 온 세상에 드러나는 것이 얼마나 불편하겠는가! 그리고 얼마나 살이 떨리는 일이겠는가! 선거부정에 직접 혹은 간접으로 관계된 자들은 필시 대한민국 국민들을 돼지, 개, 붕어, 가재, 숭어, 가자미, 오징어, 멸치 정도로 생각했던 모양이다. 대졸자들이 이렇게 많은 한국 사회에서 자신들의 선거 사기를 알아차릴 사람들이 전혀 없을 것으로 생각했음에 틀림없다. 그렇지 않고서야 자신들의 범행 행각이 마치 실황 중계되듯이 자신들이 제조한 선거 데이터에 각인되는 사실을 몰랐을까 싶다.

이제까지 2022년 3·9 대선에서 어떤 일들이 구체적으로 일어났는지를 알아봤다. 불법과 비리의 실체는 낱낱이 밝혀졌지만 누가 이런 일을 했는지, 어느 선까지 관련이 되었는지, 구체적으로 어떤 전산장비를 활용했는지는 검찰의 대대적인 수사를 기다리고 있는 실정이다.

검찰의 선거사범 전담 수사관이 아닌 필자와 재야 전문가가 할 수 있는 일은 여기까지다. 3·9 대선의 후보별 득표수는 당일투표 득표수를 제외하고 거의 대부분 혹은 거의 전부 '만들어진 숫자'라는 사실이다. 선관위가 발표한 대부분의 선거 데이터는 손을 댔다고 결론 내릴 수 있다. 아마도 관련자들 가운데 윗선에 있는 소수의 인물들이 이재명 승리를 위해 필요한 지역별 후보별 득표수를 결정한 다음, 이에 맞추어서 실무자들이 전국의 사전투표 득표수를 조작한 것이 2022 대선의 실상이고 실체다. 위에서는 선거사기범들이 기획을 했을 것이고, 이들의 주문에 맞춰 아래에서는 선거사무를 담당하는 극소수의 실무진들이 작업을 했을 것으로 본다.

이변이 없었으면 조작은 성공했을 것이고, 이에 따라 21대 대통령은 이재명이 당선되었을 것이다. 그들이 실패한 이유는 사실 없었다고 봐도 과언이 아니다. 그들은 충분한 경험과 노하우를 갖고 있기 때문이다. 무려 2017 대선, 2018 지방선거, 2020 총선 그리고 2021 보궐선거까지 굵직굵직한 4번의 선거에서 충분한 선거사기 실험을 통해 재미를 봤다. 특히 2018 지방선거, 2020 총선에서는 화끈한 조작으로 지방 권력을 장악하고 입법 권력을 장악하는 데 성공한 바가 있다.

"원숭이도 나무에서 떨어지는 법이 있다"는 옛말처럼 그들은 이번에 실패 가능성에 대해 꿈조차 꾸지 않았을 것이다. 2022 대선에서는 어마어마하게 높은 사전투표 참가율이 뒷받침되었기 때문이다. 좌로 보나 우로 보나, 위에서 보나 아래에서 보나 그들이 실패할 어떤 이유, 어떤 조건, 어떤 환경도 없었다. 그러나 그들의 조작은 경상북도에서 거의 완전한 수준으로 실패했다. 그들의 작업은 대구에서 거의 유명무실할 정도로 실패하고 말았다. 보수의 아성 경북과 대구에서 치명적인 실수는 결국 이재명 낙선에 어마어마한 공헌을 했다고 볼 수 있다.

보수의 아성은 뭘 말하는가? 윤석열이 경북과 대구에서 압승함으로써 엄청난 사전투표 득표수를 갖고 있었다. 여기서 마음껏 훔쳐서 지지고 볶고 할 수 있었다. 그러나 뚜껑을 열자, 놀라운 사실이 발견됐다. 경북의 9개 선거구에서는 손을 대지도 않았다. 나머지 선거구에서는 고작 윤석열이 얻은 사전투표 득표수의 5%를 훔쳤을 뿐이다. 대구에서도 더 많이 훔칠 수 있었는데도 불구하고 그들은 과감하지 못했다.

불가피한 어떤 이유가 있었던 것으로 짐작된다. 결국 선거사기범들이 꿈꾸었던 20년 장기집권, 50년 장기집권은 한여름 밤의 꿈이 되고 말았다. 그러나 국민들은 착각하지 말아야 한다.

윤석열이 잘나서 대통령이 된 것은 아니다.

윤석열이 똑똑해서 대통령이 된 것은 아니다.

윤석열이 잘생겨서 대통령이 된 것은 아니다.

국민의힘이 잘해서 대통령이 된 것은 아니다.

국민이 잘해서 대통령이 된 것은 아니다.

선거조작범들이 실무자 선에서 실수를 한 것이다. 그들이 치명적 실수를 한 것이다. 그들이 평소에 익숙한 방식대로 경북과 대구에서 조작이 들어맞지 않았던 것이다. 그들은 아슬아슬하게 1% 내외의 격차로 승리하는 쇼를 연출할 생각을 했던 것으로 보인다. 그 아슬아슬한 승리가 그들의 덜미를 잡고 말았다. 그들에겐 불행이지만, 국민들에겐 생명과 재산과 자유를 구하는 엄청난 행운이었다.

그럼에도 불구하고 부정선거를 규명하고 다시는 그런 짓거리가 일어나지 않도록 하려는 노력은 어느 곳에도 보이지 않는다. '5년짜리 산소마스크'를 단 윤석열 정부가 끝나고 나면 이 나라가 또다시 어떤 수렁에 처박힐지 걱정되는 마음에서 이 일을 계속해나가려 한다.

'공병호의 대한민국 공직선거' 시리즈는 이 책이 세 번째 책이다. 나라 사랑하는 마음을 담아서, 계속해서 여력이 되는 한 2017 대선 이후 모든 공직선거를 낱낱이 다룰 예정이다. 뜻있는 시민들께서 나라 사랑하는 마음을 담아서 주변의 지인들과 나라의 일을 하는 사람들에게 이 책을 전해주시길 소망한다. 쓰는 일과 펴내는 일은 혼자 힘으로 할 수 있지만, 널리 널리 퍼뜨리는 일은 여러분이 함께 해 주셔야 한다. 어렵게 여기까지 온 이 나라가 홍길동만의 나라가 아니지 않은가! 이 나라가 임꺽정만의 나라는 아니지 않은가! 이게 '우리'나라 아닌가! 우리나라 말이다.

# 부록: 자료 목록

# 도둑놈들 3

**1판 1쇄 인쇄** 2023년 2월 3일
**1판 1쇄 발행** 2023년 2월 10일

**지은이** 공병호

**펴낸이** 공병호
**펴낸곳** 공병호연구소

**주소** 서울시 강서구 강서로 532 상가 B1
**출판신고번호** 제2018-000118호
**신고연월일** 2018년 7월 11일
**전화** 02-3664-3457 / 010-9004-0453
**이메일** info@gong.co.kr
**홈페이지** www.gong.co.kr

**ISBN** 979-11-981983-1-0 (04340)
　　　　세트 979-11-965092-8-6 (04340)

**판매 · 공급**
　　**전화** 031-927-9279
　　**팩스** 02-2179-8103